요즘 뜨는 막걸리

취향을 담은 술

PROLOGUE

막걸리는 어떻게 힙해졌을까

트렌드 리포트
막걸리 × 트렌드

'라떼'는 말이죠, 막걸리는 주머니 사정 넉넉하지 않은 학생들이 학생증을 맡기지 않고도 마실 수 있는 값싼 술이었습니다. 학교 앞에 '계단집'이라는 작은 주점이 있었는데 '서울 장수 막걸리' 몇 병에 달걀찜과 조개탕만 시켜놓고도 서너 시간 죽치고 앉아 웃고 떠들 수 있어 좋았던 기억이 생생합니다. 가격도 맛도 기억나진 않습니다. 술값은 늘 선배들 몫이니 후배였던 저야 가격표 들여다볼 생각도 안 했고, 막걸리는 취하기 위한 수단이라 그 자리에서 맛을 음미한다는 것자체가 불경스러운 행위였으니까요. 이런 이야기를 하면 "옛날 사람" 운운하며 바로 요즘 후배들의 반격이 시작됩니다. 막걸리의 지위가 적은 돈으로 취하고 싶어 마시는 술에서 취향과 건강을 고려한 '힙한 주류의 선봉장'에 섰기 때문이죠.

취재하며 알게 된 사실인데, 이것은 마치 1990년대에 우후죽순 생겨나기 시작한 '가자주류백화점'에서 전 세계 온갖 와인을 팔던 때의 분위기와 비슷합니다. 잠시 또 '라떼'를 들먹이자면 제가 대학생이던 무렵 테킬라가 갑자기 유행하기 시작해 트렌드 좀 안다는 이들이 바에서 소금과 레몬을 번갈아 쩝쩝대며 도수 높은 술을 목구멍에 부어넣던 그 시절과도 오버랩 되는 뭔가가 있습니다. 이제 힙하다는 이들은 막걸리를 마시고 다양한 막걸리의 맛을 음미하기 위해 소위 '도장깨기'를 하듯 저마다 다른 맛을 선뵈는 막걸리를 찾아다닐 정도니까요.

도대체 막걸리의 지위는 어떻게 이토록 격상하게 된 것일까요. 문화의 파급이란 것이 단편적일 수 없어 한 가지 요인만 작용하지는 않았겠으나, 소위 유학파의 막걸리 연구와 한국 문화의 세계적 지위 상승이 불러온 자긍심과 자신의 취향을 중시하는 MZ세대의 세대적 특성에 요즘 빼놓을 수 없는 인스타그램을 통한 취향 공유 - 달리 말해 인스타그래머블한 사진 촬영의 좋은 소재- 라는 요소가 복합적으로 작용한 결과인 듯합니다.

각설하고 막걸리는 힙합니다. 저도 서울 압구정동에서 요즘 가장 잘 나간다는 막걸리 파는 술집 테라스에 앉아 막걸리 유행을 선도한 것으로 잘 알려진 호랑이배꼽막걸리와 고급스럽기 그지없는 두부전을 먹으며 "막걸리가 이렇게 맛있을 수 있는 일이야"를 연발했던 기억을 떠올려보면 납득하게 됩니다. 게다가 옆 테이블에는 음악을 할 것 같은 '느낌적 느낌'의 사람들이나 증권사에서 온종일 주식창을 뚫어져라 쳐다보다 영어로 컨퍼런스 콜을 마치고 왔을 것 같은 댄디한 슈트 차림의 직장인들이 천천히 막걸리를 음미하고 있으니, 부어라 마셔라 하던 막걸리 문화는 온데간데 없습니다.

이 책은 소위 요즘 힙하다는 막걸리 양조장을 추리고 추린 결과물입니다. 잘나가는 막걸리를 양조하는 사람들을 만나 이 길로 들어서게 된 경위와 자신만의 독특한 향미를 내기 위한 공수를 듣다 보면 왜 막걸리가 트렌디해졌는지 짐작이 갑니다. 역시 뭐든 정성을 쏟은 만큼 귀해집니다. 입맛의 다양성만큼 문화 발전의 정확한 척도도 없다는데, 우리 문화의 깊이와 폭이 이렇게 성장하고 발전했다는 의미로도 읽혀 책 내는 이로서 마음이 뿌듯하기 그지없습니다.

by 편집장 이선정

CONTENS

12
PROLOGUE
막걸리는 어떻게
힙해졌을까

16
TREND

18
ISSUE

20
SURVEY

22
YES or NO TEST

SECTION 1
수도권을 관통하는
북위 37°

26
향기로운 왕의 술
한통술 이노베이션

30
여성의 입맛을 훔치는
'냉이탁주'

33
시는 술이 되고, 술은 예술이 되는
전통주조 예술

38
오미(五味)가 담긴 술을 내는
미담양조장

44
로컬의 가치 담은
'팔팔막걸리'

48
일상 가까이에서 만나는
술독 'DOK막걸리'

52
천년 역사가 깃든
'삼양춘'

54
술과 나를 한데 부르는 말
술아원

60
놀이공원을 세계관으로
구름아양조장

66
진짜 서울 막걸리
나루생막걸리

68
매일의 날씨처럼
달라지는 막걸리 날씨양조

72
동네 빵집 같은
전통주 브루어리 한아양조

78
도시의 소울을 담은
C막걸리

82
상쾌함을 빚는
동강주조

84
마을과 함께 익어가는 술
오산양조

14

SECTION 2
천혜 자연을 품은
북위 35.5°

88
평택을 향한 애정을 담아
호랑이배꼽양조장

92
두술도가의
그림 같은 이야기

98
전통주를 향한
꿈이자 시작 문경주조

104
한 지붕 아래 두 양조장
아리랑주조·두이술공방

110
반세기의 전통을 이어온
울산탁주·태화루

114
울산 유일 양조장 겸
전통주 주점 운곡도가

116
귀한 벗과 '지란지교' 한 잔

118
달 아래 홀로 술잔을
기울이며 '비틀'

124
토란을 싫어해도
마실 수 있는 토란 막걸리

127
3대의 정성을 담아 빚는
순진도가

134
세 친구가 함께
꿈을 그리는 양조장 벗드림

138
막걸리 대서사의 시작
진주곡자공업

144
K-술, 요즘 막걸리
찾아가는 막걸리 양조장 18

154
힙스터의 성지, 서울 주막

160
막걸리 입문자부터 덕후까지
취향대로 즐기는 新보틀숍

166
본격 홈술 시대

172
막걸리 도감

TREND

업계에 따르면 2017년 약 3500억 원이던 막걸리 소매시장 규모는 2019년 4500억 원, 2020년에는 5000억 원대로 성장했다. 2021년에는 주요 소비 채널인 편의점 매출이 크게 늘었다. 2030세대의 매출 비중이 높아진 결과다. 이는 전통적이고 오래된 이미지를 탈피하기 위한 막걸리 제조업체의 노력 덕분이다.

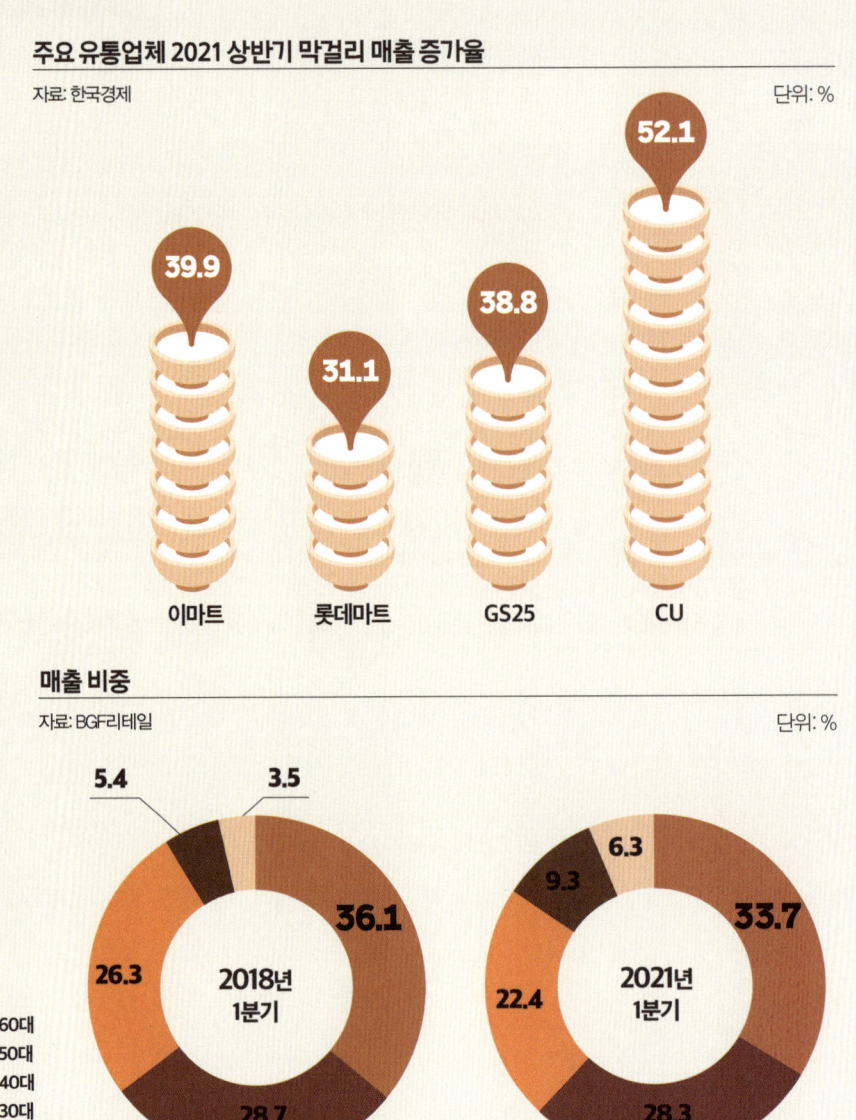

막걸리 음용 장소

단위: %

- 집 **75.0**
- 유흥업소·식당 **25.0**

코로나19 이후 음용 정도

단위: %

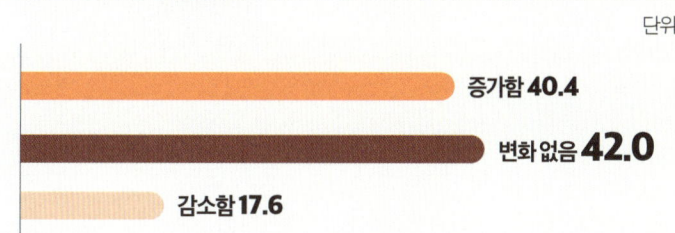

- 증가함 40.4
- 변화 없음 42.0
- 감소함 17.6

막걸리 소비자 조사

소비자 조사 결과 가장 선호하는 막걸리 유형은 유명 지역 전통 막걸리가 52.2%로 가장 높았고, 무첨가물 및 좋은 재료, 고품질, 프리미엄, 차별화 및 개성 있는 막걸리에 대한 관심이 높은 것으로 나타났다. 현재 출시되는 이색·프리미엄 막걸리 시장의 성장은 지속될 전망이다.

막걸리 구매 경로(복수 응답)

단위: %

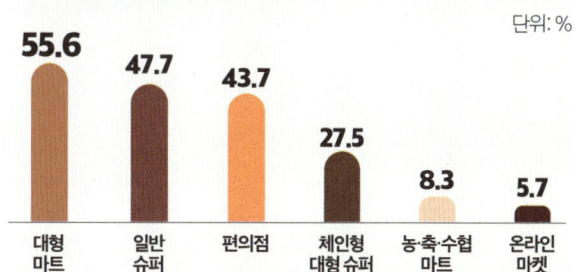

대형 마트	일반 슈퍼	편의점	체인형 대형 슈퍼	농·축·수협 마트	온라인 마켓
55.6	47.7	43.7	27.5	8.3	5.7

선호하는 막걸리 유형(복수 응답)

자료: 글로벌리서치 소비자 조사(최근 6개월 이내 막걸리 음용자 579명 대상)

단위: %

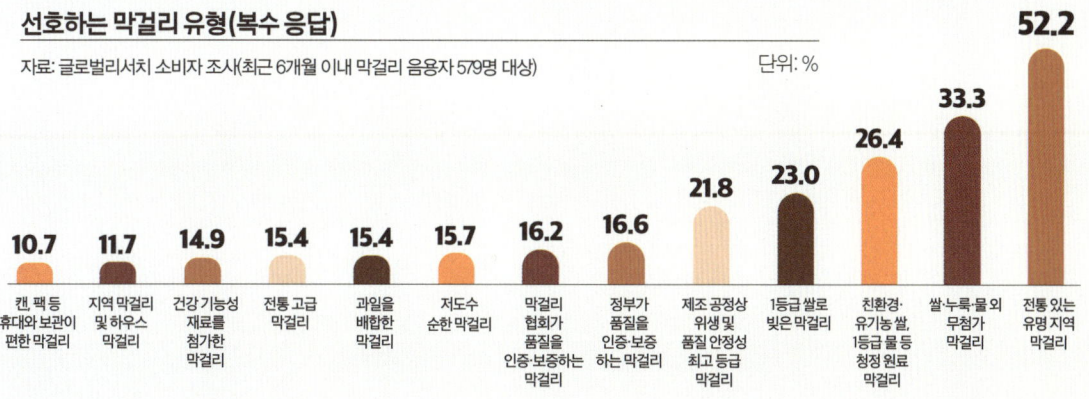

유형	%
캔, 팩 등 휴대와 보관이 편한 막걸리	10.7
지역 막걸리 및 하우스 막걸리	11.7
건강 기능성 재료를 첨가한 막걸리	14.9
전통 고급 막걸리	15.4
과일을 배합한 막걸리	15.4
저도수 순한 막걸리	15.7
막걸리 협회가 품질을 인증·보증하는 막걸리	16.2
정부가 품질을 인증·보증하는 막걸리	16.6
제조 공정상 위생 및 품질 안정성 최고 등급 막걸리	21.8
1등급 쌀로 빚은 막걸리	23.0
친환경·유기농 쌀, 1등급 물 등 청정 원료 막걸리	26.4
쌀·누룩·물 외 무첨가 막걸리	33.3
전통 있는 유명 지역 막걸리	52.2

ISSUE

막걸리에 폭 빠진 죠리퐁
국순당 '쌀 죠리퐁당'

막걸리와 국민 과자 죠리퐁의 컬래버레이션은 가잼비(가격 대비 재미의 비율)가
높다는 평가를 받는다. 국순당 '쌀 죠리퐁당'은 막걸리에 죠리퐁 원물을 섞어 발효한 후
마시기 좋게 걸러 만들었다. 죠리퐁을 타서 먹는 맛을 그대로 구현해 달콤하면서도 부드럽다.
죠리퐁 색깔에 홈술, 혼술 트렌드를 고려해 캔 형태로 개발한 것이 특징이다.
국순당 쌀 죠리퐁당은 당초 10만 캔 한정 수량으로 기획했지만,
시장의 반응이 좋아 30만 캔으로 생산량을 늘렸다.

막걸리와 국민 아이스크림의 조우
국순당 '쌀 바밤바밤'

빠밤! 국순당이 해태아이스크림과 손잡고 '쌀 바밤바밤' 막걸리를 출시했다.
전 국민에게 익숙한 아이스바 바밤바 맛을 막걸리에 접목해 바밤바 맛 술로 구현한 것이다.
국순당은 2년 전부터 밤 본연의 맛을 느낄 수 있는 밤 막걸리를 연구하던 중 시제품 맛이
국민 아이스크림 바밤바가 녹아든 맛과 비슷하다는 점에 착안해 이번 컬래버레이션을
적극 추진했다. 바밤바밤이라는 이름은 밤 막걸리 특징과 기분 좋은 흥얼거림을 동시에 뜻한다.
소비자에게는 익숙한 맛의 새로운 경험과 특별한 재미를 선사한다.

마시기 딱 좋은 황금 비율을 찾았다
서울장수 '막사'

서울장수가 GS리테일과 손잡고 막걸리와 사이다를 섞은 맛을 그대로 즐길 수 있는 신제품
'막사'를 내놨다. 막사는 막걸리를 찾는 젊은층이 증가하고 있는 가운데 고객 접점인
편의점과 협업해 2030세대를 겨냥한 것이다. 막걸리와 사이다를 2:1 비율로 혼합해 먹는
일명 '막걸리 사이다'에서 아이디어를 얻었다. 막걸리 사이다는 스스로 재료를 조합해
레시피를 만들어내는 소비자를 뜻하는 '모디슈머' 사이에서 인기를 모은
스테디셀러 레시피로 꼽힌다. 서울장수와 GS리테일은 6개월간 레시피 수정을 거쳐
기존 막걸리보다 달콤함을 더한 막사를 완성했다.

힙한 양조장과 곰표의 이색적인 만남
'표문막걸리'

'표문막걸리'는 막걸리의 새로운 기준을 만들어가는 한강주조와 69년 전통의 대한제분 곰표의 컬래버레이션으로 탄생했다. 한강주조와 대한제분은 이번 협업을 통해 올드하고 촌스러운 술로 취급받는 막걸리의 기존 이미지를 뒤집자는 의미에서 '곰표'를 거꾸로 표기해 '표문'이라는 이름을 붙였다. 표문막걸리는 국내산 밀 누룩과 햅쌀을 이용한 무감미료 막걸리로, 밀 누룩의 풍부한 맛과 쌀 본연의 단맛이 잘 어우러진 것이 특징이다. 보관 기간이 길어지면 단맛은 줄고 탄산이 생겨 드라이한 맛으로 즐길 수 있다.

셀럽의 사랑을 듬뿍 받는 막걸리
'해창 18도'

올 한 해 가장 화제가 된 막걸리를 꼽으라고 하면 단연 '해창 18도'일 것이다. 막걸리의 위상을 한껏 드높였다는 점에서도 따라올 술이 없을 듯하다. 해창 18도는 정용진 신세계 부회장 덕에 더욱 유명세를 탔다. 그는 자신의 SNS에 해창 18도 사진을 올리며 #인생막걸리발견 #해창롤스로이스18도라는 해시태그를 달아 소개했다. 전남 해남에 있는 해창주조장의 해창 18도는 한 병에 11만 원으로 고가지만 상시 출고될 때마다 완판 행진을 이어가고 있다고 한다.

뉴트로 트렌드 타고 유행가를 모티브로 한
'테스형 막걸리'

CU는 유행가 '테스형'을 모티브로 만든 '테스형 막걸리'를 선보이며 막걸리 라인업을 강화했다. '테스형'은 현대인이 고대 그리스 철학자 소크라테스에게 삶의 애환을 털어놓고 길을 묻는 내용을 위트 있게 담은 트로트 장르의 곡으로 중·장년층은 물론 젊은 세대 사이에서도 밈으로 활용될 만큼 인기를 끌었다. 테스형 막걸리는 포천시 이동면의 천연 지하 암반수를 활용해 수작업으로 띄운 밀입국으로 만들었다. 밀로 만든 누룩을 뜻하는 밀입국은 담백하고 묵직한 깊은 맛을 내며 뒷맛이 깔끔하다. 소크라테스가 막걸리 사발을 들고 '테스형'의 유명 가사인 '세상이 왜 이래'라고 외치는 모습을 디자인한 패키지도 재밌다.

SURVEY

우리나라 전통주 막걸리가 젊어지고 있다. 다양한 제품과 트렌디한 디자인으로 기존의 올드한 이미지를 벗고 젊은 층의 취향을 제대로 공략했다. 한경TREND가 2021년 11월 30일부터 12월 6일까지 7일간 20~50대 성인 남녀 235명에게 물었다. 설문 참여자 중 68.1%가 여성, 31.9%가 남성이었다. 연령대는 30대가 51.1%로 가장 많았고, 20대가 37.4%로 뒤를 이었다. 이어 40대(10.2%), 50대(1.3%) 순이었다.

취향을 말해봐 "나는 막걸리를(의) _____"

35.3% 친구와 마신다.
24.7% 혼자 마신다.
24.3% 가족과 함께 마신다.
15.7% 애인과 마신다.

47.2% 마트에서 구입한다.
21.7% 편의점에서 구입한다.
20.4% 전문 보틀 숍에서 구입한다.
10.6% 온라인 마켓에서 구입한다.

43.4% 무감미료 막걸리가 좋다.
32.3% 시판 막걸리가 좋다.
24.3% 술집의 하우스 막걸리가 좋다.

73.2% 맛이 가장 중요하다.
17.4% 브랜드(제조사)가 가장 중요하다.
4.7% 가격이 가장 중요하다.
4.7% 기타 용량, 성분, 원재료, 디자인 등

50.2% 지인의 추천으로 관심을 갖게 됐다.
15.7% 인스타그램이나 블로그 후기를 보고 관심을 갖게 됐다.
10.2% 재밌는 컬래버레이션 또는 광고를 보고 관심을 갖게 됐다.
23.9% 기타 맛있어서, 다양한 술에 관심이 있어서 등

43.2% 순수한 쌀 맛이 좋다.
※복수 응답
42.4% 달지 않은 맛(드라이한 맛)
37.3% 탄산
34.7% 달콤한 맛
21.2% 무탄산
16.1% 과일 등 부재료가 첨가된 맛

막걸리 하면 떠오르는 이미지

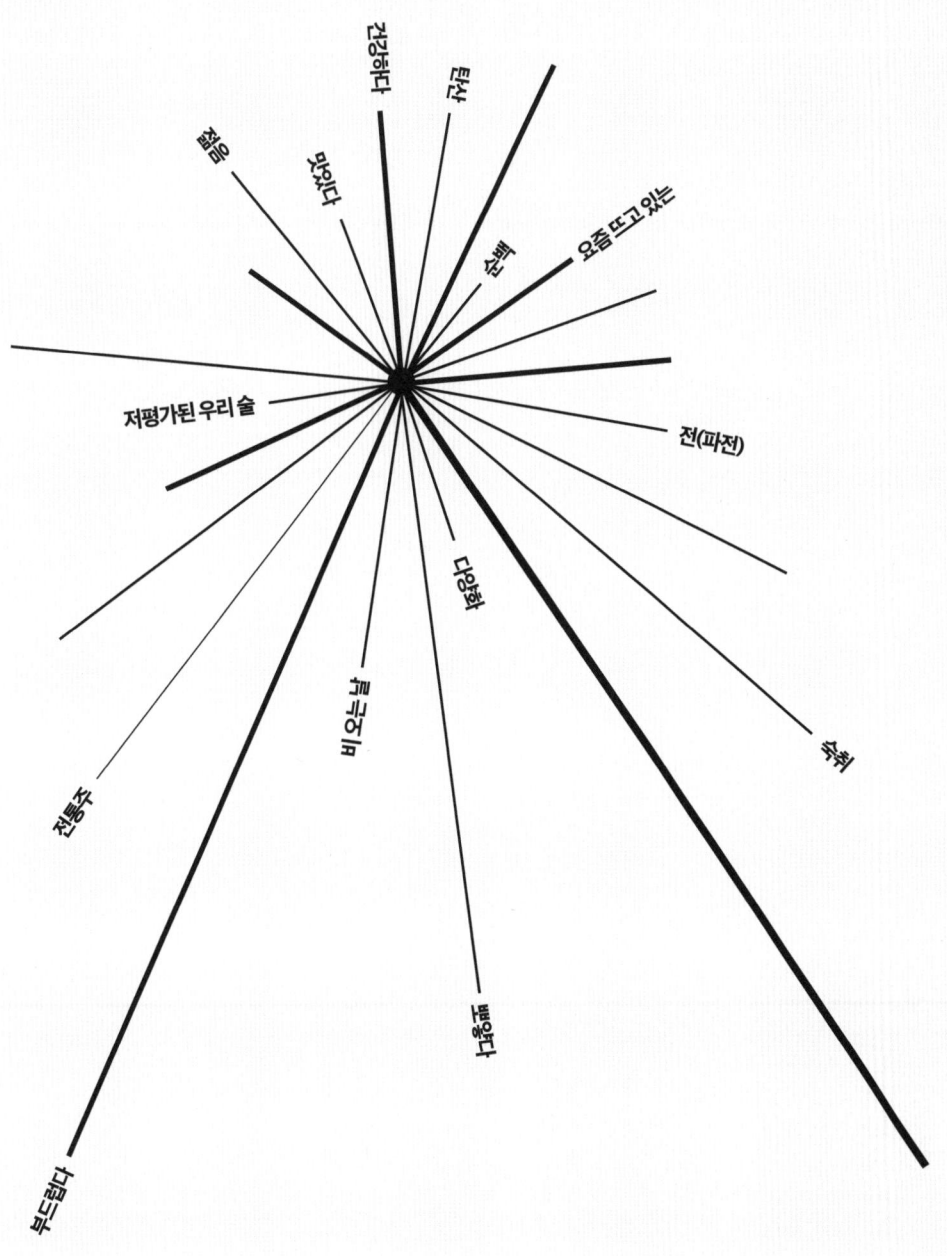

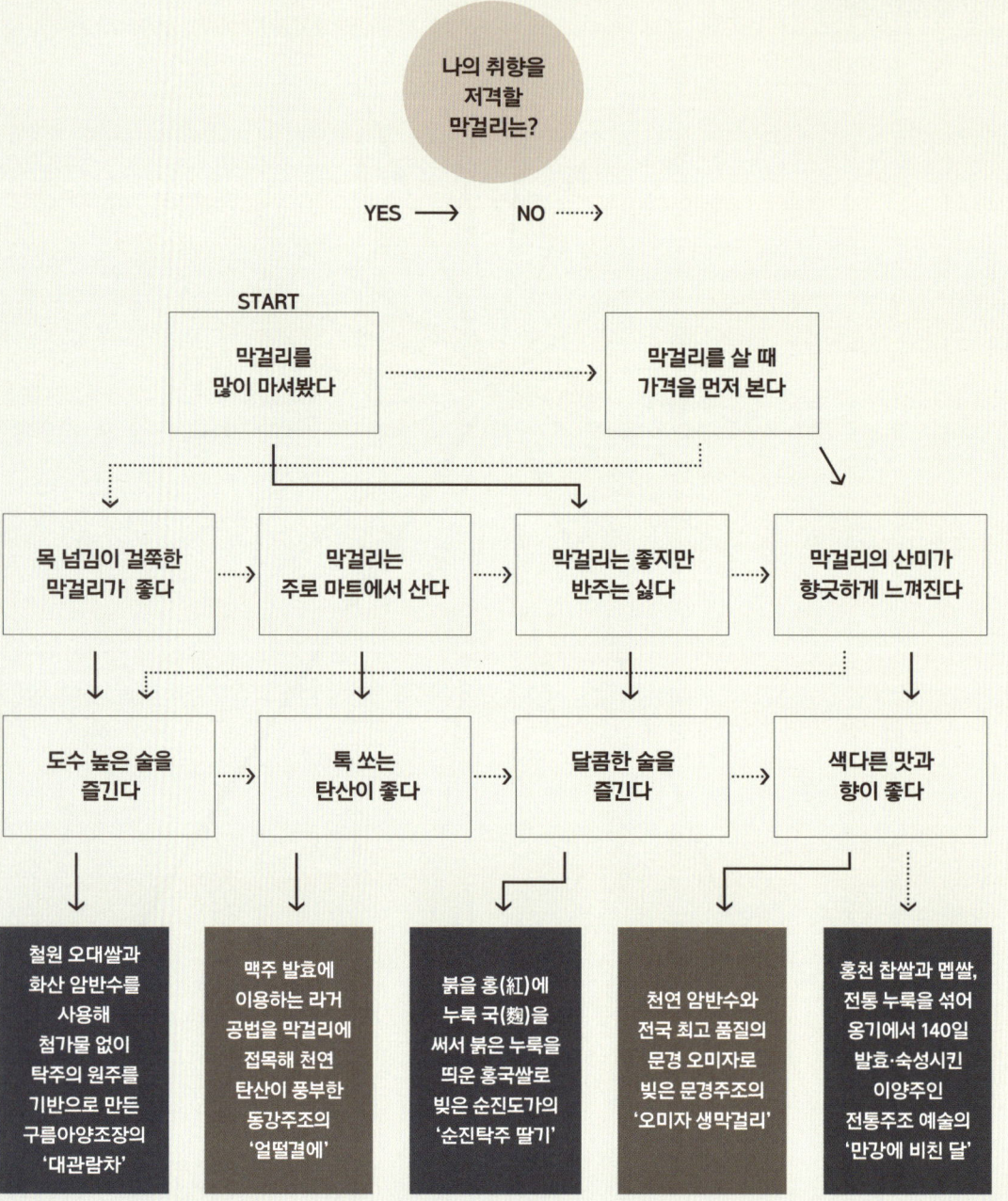

TEST

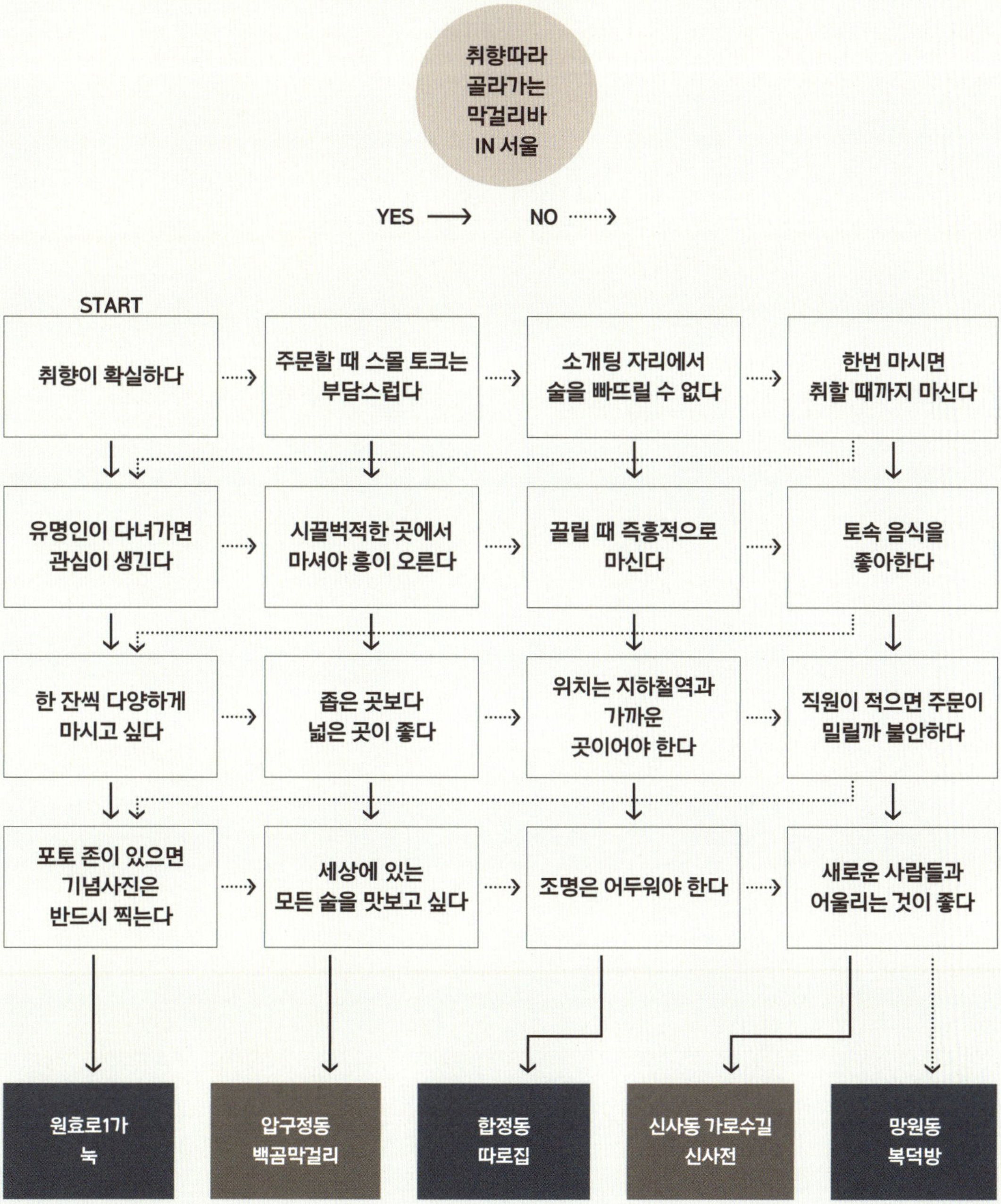

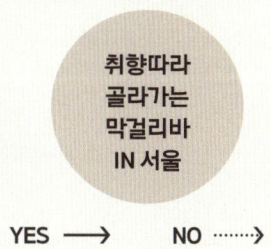

취향따라 골라가는 막걸리바 IN 서울

YES ⟶   NO ┈┈⟶

START

| 취향이 확실하다 | ⟶ | 주문할 때 스몰 토크는 부담스럽다 | ⟶ | 소개팅 자리에서 술을 빠뜨릴 수 없다 | ⟶ | 한번 마시면 취할 때까지 마신다 |

↓

| 유명인이 다녀가면 관심이 생긴다 | ⟶ | 시끌벅적한 곳에서 마셔야 흥이 오른다 | ⟶ | 끌릴 때 즉흥적으로 마신다 | ⟶ | 토속 음식을 좋아한다 |

↓

| 한 잔씩 다양하게 마시고 싶다 | ⟶ | 좁은 곳보다 넓은 곳이 좋다 | ⟶ | 위치는 지하철역과 가까운 곳이어야 한다 | ⟶ | 직원이 적으면 주문이 밀릴까 불안하다 |

↓

| 포토 존이 있으면 기념사진은 반드시 찍는다 | ⟶ | 세상에 있는 모든 술을 맛보고 싶다 | ⟶ | 조명은 어두워야 한다 | ⟶ | 새로운 사람들과 어울리는 것이 좋다 |

↓

- 원효로1가 눅
- 압구정동 백곰막걸리
- 합정동 따로집
- 신사동 가로수길 신사전
- 망원동 복덕방

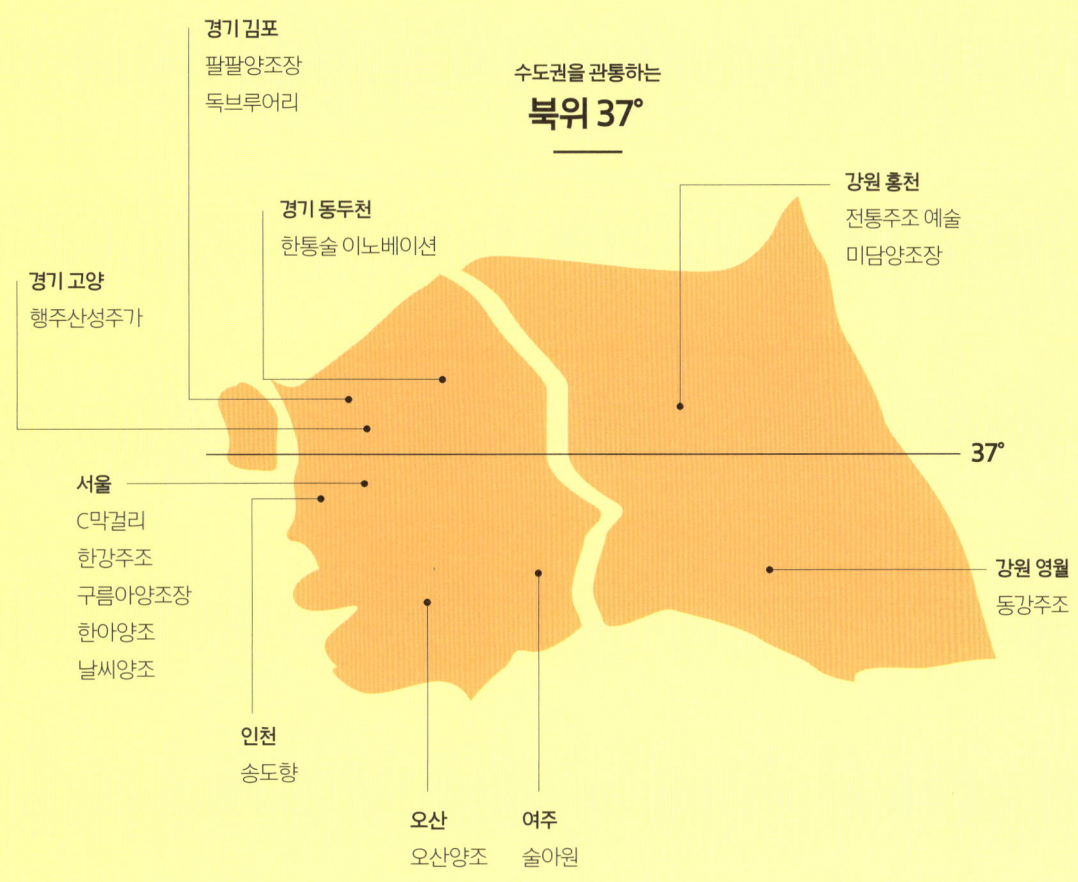

수도권을 관통하는 북위 37°

경기 김포
팔팔양조장
독브루어리

경기 동두천
한통술 이노베이션

강원 홍천
전통주조 예술
미담양조장

경기 고양
행주산성주가

서울
C막걸리
한강주조
구름아양조장
한아양조
날씨양조

인천
송도향

오산
오산양조

여주
술아원

강원 영월
동강주조

37°

MZ세대가 주목하는 전통주 그중에서도 막걸리에 초점을 맞추고 기행을 시작했다. 서울 강남의 C막걸리를 시작으로 뜨거운 여름과 벼가 무르익은 가을까지 대한민국의 크고 작은 양조장 26곳의 막걸리를 좇았다. 그리고 12월의 눈 내리는 어느 날 국내 최대 전통 누룩 생산소 경남 진주의 진주곡자공업을 마지막으로 1년여의 긴 서사를 마무리했다. 다음은 북위 33도에서 38도에 걸쳐 대한민국 막걸리를 찾아 떠난 기록이다.

북위 33도에서 38도에 걸쳐 위치한 대한민국을 북위 37도를 기준으로 다시 나누면 강원, 경기 북부와 동부, 인천, 서울이 이 위도상에 위치한다. 한강의 큰 물줄기, 강원과 경기평야의 쌀이 북위 37도상에 있는 양조장이 갖는 자연적 특징이며, 무엇보다 수도권을 중심으로 전통주·막걸리 브랜드를 론칭해 운영하고 있는 MZ세대 젊은 양조인이 눈에 띄었다. 그들은 술을 빚고, 라벨링을 하는 모든 과정에 자신의 이야기를 담은 감각적인 막걸리를 선보이고 있으며, 이를 통해 전통주의 미래를 모색하고 있다.

향기로운 왕의 술
한통술 이노베이션

막걸리가 MZ세대에게 사랑받는 술로 자리매김한 데는 라벨도 한몫했다. 몇 년 사이 청년 생산자들이 대거 늘어나면서 라벨에 변화가 일었기 때문이다. 이전까지 투박하고 촌스러운 느낌을 주던 막걸리는 개성 넘치는 옷을 입으면서 세련된 이미지를 덧입었다. 한통술 이노베이션의 '한통의 구절초꽃술'과 '한통의 연꽃담은술'이 대표적이다. 두 막걸리의 간결하면서도 직관적인 이름과 트렌디한 로고는 MZ세대의 감성을 잘 담아내고 있다. 김용완 대표는 평생을 전통술과 함께해왔다고 해도 과언이 아니다. 1922년 문을 연 마산 지역 최초의 양조장 마산대동양조장의 창업자가 그의 할머니다. 어려서부터 직접 누룩을 띄우고 정성껏 술을 빚던 할머니를 지켜본 영향일까. 그는 자연스럽게 한국의 전통술 연구에 매진하는 길을 택했다. 주로 고문헌에 실린 술 제조 방법을 이화학과 미생물학을 결합해 현재의 양조 방식으로 새롭게 정리하는 작업이다. 이를 위해 고려시대의 '양온서', 조선시대의 '사온서' 등 왕의 술을 빚는 기관의 기록과 <산가요록>이나 <동의보감> 등 고서를 파고들었다. 이와

구절초와 연꽃을 담아 빚은 한통술 이노베이션의 탁주.

더불어 한국전통술계승원을 설립하고 제자를 양성해 노하우를 전수해왔다. 그의 연구는 지금도 진행 중이다. 막걸리의 맛을 완성하기까지 무려 10년이라는 시간이 걸렸다. 시행착오를 가장 많이 거친 부분은 꽃의 향미를 살리는 과정이었다. 생화의 향기를 술에 재현하는 것은 결코 쉽지 않은 일이다. 원료인 꽃을 듬뿍 넣는다고 해결되는 문제도 아니다. 발효와 숙성을 거치면서 향이 변하기 때문이다. 꽃의 비율을 조절하고 도꼬마리·개똥쑥 등 천연 재료를 조합하며 여러 차례 실험을 거친 끝에 술에서 꽃의 향기를 온전히 느낄 수 있는 방법을 찾아냈다. 실제로 두 막걸리를 잔에 따르면 생화 꽃다발을 안은 듯 은은한 향기가 풍긴다.

한통의 구절초꽃술, 한통의 연꽃담은술을 수식하는 또 다른 표현은 '임금의 술'이다. 왕에게 진상하는 술을 빚을 때 쓰는 특별한 누룩 '향온곡'을 넣기 때문이다. 이는 일반 누룩과 달리 밀과 보리를 넣어 은은한 향기를 풍긴다. 만드는 데도 일반 막걸리의 세 배에 달하는 정성을 들인다. 시중에 나와 있는 일반 막걸리가 대부분 덧술 과정을 생략하고 한 번만 발효하는 단양주인 데 비해 한통술은 두 번의 덧술 과정을 거치는 삼양주다. 당연히 밑술과 덧술 작업을 여러 번 반복할수록 고급 술로 꼽는다. 저온 숙성을 거쳐 한 병의 술이 완성되는 데 걸리는 시간은 100일이다. 한통술의 자부심이 여기에서 비롯된다. 김 대표는 한국 고유의 전통술을 최대한 복원하는 것이 한통술의 숙제라고 말한다. 100년 전만 하더라도 집집마다 전해져 내려오는 술 제조법이 있고 1300여 가지 전통주가 존재했는데, 일제강점기를 거치면서 강제로 명맥이 끊긴 현실에 안타까움을 느끼는 까닭이다. 이를 복원하는 것은 전통주를 넘어 우리의 정신적 유산을 되살리는 일이라는 게 그의 생각이다.

한통술 이노베이션에서는 천연 재료를 배합해 술을 주조한다.

여성의 입맛을 훔치는 '냥이탁주'

경기 고양시 행신동의 한 상가 2층에 자리한 행주산성주가는 젊은이들 사이에서 조용히 떠오르고 있는 프리미엄 수제 탁주 양조장이다. '설마 이런 곳에 양조장이 있을까' 하는 의심의 눈초리를 접고 행주산성주가의 문을 열고 들어가면 밖과 단절된 깔끔한 사무실을 마주하게 된다. 행주산성주가의 이광희 대표는 막걸리 제조부터 포장, 배송까지 전반적인 양조장 운영 업무를 홀로 책임지고 있다. 이 대표는 할머니와 어머니의 손끝에서 탄생한 술맛을 잊지 못해 직접 술을 빚기 시작했다. 대가족이 함께 모여 살던 어린 시절, 집에서 빚은 술만 올리던 제사상과 명절 가풍을 잊을 수가 없었다. 이후 도시에서 생물학을 전공하고 연구소와 대학교에서 일하던 그가 옛 술맛을 찾은 것은 할머니와 어머니의 술을 맛보지 못하게 된 까닭이다. 집안에 더는 술을 빚을 사람이 없자 직접 나 술을 빚기로 마음먹었다. 이 대표는 어깨너머로 배운 기술을 되짚다가 서울의 전통주 교육기관에서 전통주 제조법을 전문적으로 익혔다. 집에 술 항아리가 점점 늘어나면서 혼자만의 작업실을 만들었고, 행주산성주가를 설립하면서 본격적으로 막걸리 제조에 뛰어들었다. 약 8개월간 연구와 실험을 거쳐 첫 제품인 '냥이탁주'를 선보였다. 행주산성주가의 첫 막걸리인 냥이탁주의 이름은 고양시의 마스코트 '고양고양이'에서 따왔다.

냥이탁주는 최상의 맛을 위해 한 달에 걸쳐 발효하고 맑게 거른 후 또 한 달 이상 냉장 숙성한 뒤 출고한다. 행주산성주가는 경기도농업기술원이 개발해 보급한 한반도 최초의 볍씨를 싹틔운 가와지쌀만 고집한다. 고양시 특화농산물로 지정된 가와지쌀은 그 자체로도 단맛과 고소한 맛이 일품이다. 여기에 매년 5월 한시적으로 수확할 수 있는 송순을 더한다. 송순의 쓴맛을 뺀 후 찌고 말리고 다듬는 까다로운 과정을 거쳐 솔 특유의 풍미를 느낄 수 있다. 또 벌꿀·누룩·보리·찰수수·오미자 등을 추가해 황금 비율로 탄생시킨다. 냥이탁주는 기존 막걸리에서 흔하게 접할 수 있는 톡 쏘는 탄산을 거의 느낄 수 없다. 또 산미보다 원재료의 단맛을 풍부하게 살려내 언제 어디에서든 편안하게 마실 수 있으며 인공감미료를 첨가하지 않아 텁텁한 느낌 없이 산뜻하다. 최근 새로운 음주 행태로 떠오른 '혼술' 문화에 부합하기 위해 기존 9%의 알코올 함량보다 더 낮은 5%의 '냥이탁주 프레시'도 출시했다. 오리지널 버전인 '냥이탁주 9'는 알코올 향이 기분 좋게 느껴지고 그보다 가벼운 '냥이탁주 프레시'는 달콤한 쌀 음료를 마시는 듯한 첫인상을 준다. 또 기존 500mL 유리병 이외에 '혼술러'들을 위해 350mL 페트병으로도 출시했다. 그 덕분에 혼술러뿐 아니라 프리미엄 막걸리의 가격에 부담감을 느끼는 초심자들에게도 더 가까이 다가갔다.

'냥이탁주'는 고양시의 특화농산물 가와지쌀로 빚었으며 귀여운 용기가 눈길을 끈다.

북위 37 강원 홍천

시는 술이 되고, 술은 예술이 되는
전통주조 예술

'동몽(同夢)', '만강에 비친 달', '동짓달 기나긴 밤', '배꽃 필 무렵'. 마치 시구 같은 이 어구는 전통주조 예술의 술 이름이다. 예술에 찾아가기 전, 이 술 이름을 두고 경우의 수를 점쳤다. 양조장 이름에 기반해 술 이름 또한 예술로 지은 것이거나 술의 향미를 예술에 빗대었거나 그도 아니면 술을 빚는 이가 거룩한 낭만파이거나. 그렇게 궁금증을 가득 품고 굽이진 산길을 지나 이윽고 산새가 지저귀고 메뚜기가 뛰어와 반기는 홍천 백암산 자락 전통주조 예술의 문을 열었다.

예술이 처음 간판을 내건 건 2012년의 일이지만 이곳의 주인장 정회철·조인숙 부부가 이곳 강원 홍천군 내촌면에 터를 잡은 건 2008년부터다. 정 대표의 설명에 따르면 당시에는 양조장을 운영할 생각이 있었던 게 아니라 건강상의 이유로 도시살이를 정리하고 내려온 것이라고 한다. "쉬면서 목재도 만지고, 술도 만지고 그랬어요. 취미로 슬며시 시작한 일이 이렇게까지 커질 줄은 13년 전엔 몰랐죠.(웃음)" 하고많은 취미 가운데 왜 술에 손을 담갔느냐는 물음에 그는 양조장에 대한 어릴 적 기억 덕분이라고 대답했다. "친가였던 군산에 이따금 놀러 가면 할아버지 심부름으로 양조장에 술을 받으러 갔는데, 그 양조장 땅 밑에 묻혀 있던 술 항아리와 술이 담긴 주전자, 동네 사람들과 술 한잔 나누며 즐거워하시던 할아버지의 모습이 아직도 생생해요." 그러고 보면 부부는 양조장을 시작하기 한참 전 한 신문에 실린 전국 양조장 기사를 보고 무작정 양조장 투어에 나서 하기도 했었다고 한다. 지금에 와선 그때 왜 그랬

전통주조 예술에서 만드는 다양한 전통주.

는지 모르겠다고 정 대표는 덧붙였지만, 그것은 부부가 품은 전통주에 대한 애정이자 양조장을 할 수밖에 없는 그들의 운명이었을지 모른다.

재주 많은 주인장
그렇게 전국 양조장 투어를 마친 부부는 눈동냥, 귀동냥으로 보고 들은 재료를 사다 술을 담그기 시작했다. "작은 항아리 안에서 골골 술 끓는 소리가 나더라고요. 정말 술이 만들어진다는 게 마냥 신기했어요. 술을 내린 후 목공을 같이 하는 친구들과 나누어 마셨죠. 다들 맛있다는 소리만 하더라고요. 그래서 '아, 내가 잘할 수 있는 게 하나 더 생겼구나' 그러고는 홍천으로 내려와 그 판을 더 키운 거죠." 정 대표는 겸양의 미덕을 보였지만 사실 그는 서울대 법대를 졸업하고 법학전문대학원 교수로 일하며 헌법학 교재를 집필하기도 한 사람이다. 게다가 양조장 곳곳에 놓인 원목 가구와 장식은 모두 그의 손에서 탄생했다니 그의 재주에 대해선 더 이상 긴말이 필요 없을 듯하다. 하나 무엇보다 그의 감각이 빛을 발하는 건 바로 예술의 '술'이다.

예술의 '술'
멥쌀을 섞어 담백한 맛이 일품인 '홍천강 탁주', 홍천 특산물인 단호박으로 만든 탁주 '만강에 비친 달', 청와대와 남북공동연락사무소 개소식에 만찬주로 올라간 약주 '동몽', 쌀과 복분자로 빚은 '동짓달 기나긴 밤' 등 하나같이 맛과 향이 풍성하다. 더불어 죽처럼 숟가락으로 떠먹는 이화주 '배꽃 필 무렵'은 색다른 탁주의 표본을 보여주며 혀를 자극한다. 1인 양조장에서 이토록 늘 새롭고 다양한 시도를 꾀할 수 있었던 것은 정 대표가 직접 빚은 누룩 덕분이다. "수년간 누룩을 연구했어요. 예술만의 술을 만들고 싶었기 때문이죠. 지금도 장마철을 제외하곤 부지런히 누룩을 띄워요. 좋이 두 달은 걸리는 작업이라 성실하게 빚어야 하거든요." 그가 자리를 옮겨 누룩을 빚고 있는 '양온소(釀醞所)'를 소개했다. 고려 때 왕이 마시는 술을 빚은 관공서 '양온서(良醞署)'에서 착안해 이름을 지었다는 이곳은 부부가 처음 홍천에 내려와 꾸린 살림집이었다고 한다. 그러다 이제는 누룩을 빚고 띄우며 술을 연구하고 개발하는 장소로 사용하고 있었다.

홍천 전통주조 예술의 정회철 대표

1

전통주의 근본, 누룩

"이게 예술의 핵심이자 우리나라 술의 정체성이에요. 일제가 가양주 문화를 없애기 전 전통주 그러니까 한국 전통 누룩의 강점이 뭔 줄 아세요? 바로 자연 효모예요. 인공 배양한 일본식 누룩이 아닌 한국 누룩이 가진 쿰쿰한 맛을 품은 전통주가 한국 술의 정체성인 거죠." 정 대표는 한창 발효 중인 누룩과 술을 앞에 두고 우리나라 전통주가 가야 할 길에 대한 굳은 심지를 내보였다. 그러면서 전통주 문화 부흥을 위해 많은 사람들의 관심과 호응이 필요하다고 덧붙였다. "전통주에 대한 관심이 이어질 수 있도록 하려면 앞으로 이 시장이 두 갈래로 뻗어나가야 한다고 봐요. 저희 같은 소규모 양조장이 많아야 하는 건 물론이고 대량생산도 반드시 필요해요. 그래야 소비자들이 좀 더 저렴한 비용으로 전통주에 쉽게 다가갈 수 있잖아요."

뜨거운 햇살이 양온소 창가 가득히 비출 무렵 정 대표와 나누던 이야기가 마무리되었다. 예술의 술에 붙은 낭만적인 이름들은 이곳을 찾기 전 생각한 것처럼 양조장 이름이나 대표의 취향 때문만은 아니었다. 그가 무던히도 성실하게 빚고 띄워 만든 술에 대한 정애가 그토록 시구 같은 이름을 만들어낸 것이다. 전통주조 예술 양온소의 술 빚는 향이 언제까지나 멎지 않기 바라며 느릿한 발걸음으로 귀갓길에 올랐다.

2

1 예술의 누룩을 띄우는 '양온소'.
2 홍천 지역 특산물로 담근 예술의 탁주.

오미(五味)가 담긴 술을 내리는
미담양조장

"효모들이 만들어준 술맛은 참 멋있어요."
홍천 제곡리에 위치한 미담양조장의 조미담 대표는 자신이 빚을 술을 이야기할 때 이런 표현을 썼다. 하나부터 열까지 자신의 땀과 손으로 빚어놓고서는 불현듯 효모가 만들어준다고 한다. 그러고는 '나의 정성을 알아차리는 유일한 이는 다름 아닌 술'이라며 술 예찬을 늘어놓았다. 그렇게 그의 술 사랑론은 해가 뉘엿뉘엿 질 때까지 이어졌다. 다음은 푸르른 하늘을 품은 정겨운 양조장에서 조 대표와 나눈 그와 술의 연애담이다.

<주방문(酒方文)>. 1600년대 말에서 1700년대 초에 지어진 것으로 추정되는 이 조리서에는 28종의 술, 46가지 음식 등 모두 74가지 조리법과 가공법이 소개돼 있다. 이 책에 실린 여러 술 가운데 '석탄주(惜呑酒)'가 있다. 이름조차 생소하지만 사실 이 석탄주에는 아름다운 향과 맛이 사라지는게 애석하다는 뜻이 담겨 있다고 한다. 미담양조장의 조미담 대표는 15여 년 전 전통주에 입문하며 석탄주를 재현하기로 마음먹었다. 그리고 오늘날 미담양조장을 대표하는 술은 석탄주 제조법을 기반으로 한 '미담생탁주'다.

전통주의 시작
과거 조 대표는 서울 시내 대학가에서 주점을 운영했었다. 그런데 젊은이들 대부분이 기분 좋은 날 막걸리에 거나하게 취하면 다음 날 숙취로 고생했다고 털어놓으며 "외국 술과 달리 우라나라 막걸리는 마시면 왜 이렇게 숙취가 심할까요?"라고 물었다고 한다. 이런 질문을 많이 받았던 터라 본인도 이 점에 대해 석연치 않은 의문을 품었고, 훗날 우연한 계기로 전통주를 배우면서 숙성이 덜 되거나 인공감미료를 첨가하는 등 여러 가지 원인이 있다는 사실을 알게 됐다. 그 후 그는 진짜 우리나라 술을 찾아 나서기 시작했다. "시중에 민속주라는 이름으로 나와 있는 술들은 진짜 우리나라 술이라고 할 수 없어요. 사실상 우리 술은 명맥이 끊어진 상태니까요. 이전에는 집집마다 술 담그는 비법이 다 있었어요. 그걸 일제가 밀주 단속을 핑계 삼아 없애버린 거죠. 결국 단속을 피해 몰래, 빨리 만들려고 첨가물을 넣은 게 시중에 알려진 술이 된 거죠." 일제의 탄압에도 불구하고 다행히 여

전통술인 석탄주 제조법을 기반으로 만든 '미담생탁주'.

러 고문에는 전통주의 기록이 남아 있었고 그 문헌을 지표 삼아 전통주 살리기에 조 대표도 동참하고 있다. "사실 고서에 남은 레시피는 물 몇 동이, 한 국자 등 양이 제각각이라 전문가가 동량형을 정리했다고 하더라도 완벽하게 재현할 수 없어요. 저 또한 마찬가지지만 그걸 기반으로 나만의 레시피, 나만의 석탄주를 만들어온 거죠. 집집마다 고유의 술이 있었듯 미담에는 미담의 술이 있는 거고요. 대신 직접 만들어 정성을 다해야 하는 기본 정신에는 어긋남이 없죠."

술을 향한 애정

인터뷰 당일에도 술을 빚었다던 조 대표는 지친 기색이 역력했다. 쌀을 빻고 고두밥을 짓는 과정 이외에는 일일이 손으로 하고 있다는 조 대표. 심지어 무거운 쌀과 술독을 옮기고 다루는 일도 혼자 해내고 있었다. 왜 이토록 거친 일을 오롯이 홀로 해내느냐고 묻자 조 대표는 술 빚는 일은 본디 혼자 해야 한다며 말을 이어갔다. "술이 집사를 알아보거든요. 예민하고 섬세한 그 과정을 누구 손에 맡길 수 있겠어요. 쌀을 씻고, 옹기를 소독하는 모든 과정 가운데 어느 하나도 설렁설렁 할 수가 없어요. 저 역시 15년 넘게 술을 빚어도 행여 무슨 일이라도 생길까 노심초사하기 일쑤인데 누구 손을 빌려 술을 빚겠어요. 그러니 제가 다독여줘야 효모가, 술이 잘 익어요. 그러면 새콤함, 달콤함, 쌉싸래함, 구수함, 떫은맛이 고루 나는 술이 완성되는 거죠." 술이 익어가는 장독을 바라보며 연신 눈인사를 건네는 조 대표를 보면서 그가 술에 보내는 극진한 사랑을 느낄 수 있었다. 때때로 자신이 빚은 술이 자식 같은 마음이

강원도 홍천군 남면에 위치한 미담양조장 풍경.

들어 눈물이 핑 돌 때도 있다는 그. 그래서 그 진가를 알아봐주는 사람들과 술을 나누기 위해 자리를 구상 중이란다.

미담양조장의 차기 프로젝트
바로 '전통 주막'. 소담스러운 초가의 멋이 깃든 미담양조장에는 술을 빚는 양조장 이외에 별채가 하나 더 있다. 이곳은 '미담 우리 술 학교'라는 전통주 체험 프로그램을 진행하는 장소이자 조 대표의 다음 꿈이 담긴 장소 전통 주막이다. "해외에서 와이너리 투어를 하며 음식을 즐기는 모습이 많이 부러웠어요. 우리나라에도 와인 못지않은 술이 있는데 왜 우리에겐 저런 문화가 없을까 하는 마음에 속상했죠. 한식 문화가 성장해야 전통주 문화도 활발해진다는 걸 잘 알아요. 그래서 제가 가진 솜씨를 발휘해 제대로 된 전통 주막을 만들고 싶어요." 지금은 여건상 활발하게 운영하지 못하지만 홍천 특유의 식재료를 이용해 맛과 멋, 풍요가 깃든 주막을 한껏 꾸려보고 싶다고 한다. '술은 음식이고 그것이 곧 문화'라 믿는 조미담 대표와 전통주의 인연, 그리고 그다음에 주막이 있다는 사실에 새삼 놀라움을 느끼며, 어쩌면 그가 전통주에 보내는 지극한 애정과 예찬 이 모든 것이 그와 술의 필연이 아닐까 싶다.

1

1 조미담 미담양조장 대표.
2 미담에서는 생탁주 이외에도 다양한 전통주를 출시하고 있다.

북위 37 경기 김포

로컬의 가치 담은
'팔팔막걸리'

1

밀레니얼과 Z세대를 아우르는 MZ세대의 특징은 '로컬'에 주목한다는 점이다. 획일적인 '스펙'보다 자신만의 고유한 정체성을 중요하게 여기는 이들은 개성이 살아 있는 지역을 선호한다. 막걸리 맛에 절대적인 영향을 끼치는 요소는 생산지의 물과 쌀이다. 즉 막걸리는 그 자체로 지역의 가치를 담고 있는 술이라고 할 수 있다. '팔팔막걸리'를 만드는 팔팔양조장은 최고의 막걸리를 만드는 것은 최상급 쌀이라고 믿는다. 막걸리 이름인 팔팔 역시 '쌀을 수확하기까지 농부가 여든여덟 번의 정성을 쏟아야 한다'는 의미를 담고 있다. 양조장이 김포에 터를 마련한 배경에도 쌀이 있다. 김포 쌀은 품질과 맛이 뛰어난 만큼 값이 비싸 원가가 시중의 일반 막걸리보다 세 배 이상 높다. 게다가 들어가는 쌀의 양도 세 배 이상이기 때문에 단순하게 계산하면 원료비가 아홉배 이상 비싼 셈이다. 그런데도 막걸리 가격은 5000원으로 저렴하다. 많은 사람이 쉽게 접하고 즐기도록 하기 위해 가성비를 포기할 수 없었기 때문이다. 그 대신 생산 장비를 대규모로 갖춰 한 번에 생산하는 양을 늘리고, 자동화 설비로 인건비를 절약하는 방식으로 원가 부담을 완화하고

2

1 출하를 앞둔 '팔팔막걸리'.
2 팔팔양조장은 특등급 김포금쌀을 원료로 탁주를 만든다.

3

있다. 팔팔양조장은 청년 세 명이 꾸려가는 만큼 MZ세대다운 활기가 넘친다. 이들이 이야기하는 팔팔막걸리 맛의 비결은 'BS 공법', 즉 밤샘에 있다. 술맛을 제대로 내기 위해 밤새워 양조장을 지킨다. 술이 발효되는 과정에서 생기는 변화를 관찰하고 여러 변수를 바꿔가며 실험을 계속하다 보면 밤을 새우는 일은 예사다. 양조장 터를 구하고 설비를 갖추는 6개월 동안에도 연구만큼은 쉰 적이 없다. 집에 발효기를 설치하고 실험과 테이스팅을 거듭했다. 이들의 목표는 자연스러운 단맛을 지니면서도 탄산이 없는 막걸리를 만드는 것이었다. 그 결과 당도가 낮고 무게감이 가벼운 막걸리가 탄생했다. 팔팔막걸리는 시트러스 향이 감도는 산미에 타닌감을 느낄 수 있다. 또한 목 넘김 이후 입안에 남는 맛 없이 깔끔하다. 이 덕분에 여러 병 마셔도 질리지 않는다. 정덕영 대표는 "팔팔막걸리는 취했을 때 가장 맛있는 술"이라고 말한다. 팔팔양조장은 독자적인 효모로 술을 빚을 때 비로소 차별성이 생긴다고 생각해 효모 개발에 여념이 없다.

4
5

3 정덕영 팔팔양조장 대표.
4 팔팔막걸리는 시트러스 향이 감도는 산미와 타닌감을 갖췄다.
5 팔팔양조장은 자동화 시스템을 갖추고 막걸리를 제조한다.

북위 37 경기 김포

일상 가까이에서 만나는 술독
'DOK막걸리'

독 브루어리의 정체성은 '올드 뉴(old new)'로 대변된다. '예나 지금이나 좋은 술'이라는 의미를 담았다. 이렇게 좋은 술을 많은 사람이 즐길 수 있도록 좀 더 대중적인 막걸리를 내놓았다. 서울 강북구 수유동에서 실험적인 막걸리를 빚던 독 브루어리가 2021년 1월 경기도 김포로 자리를 옮겼다. 이전에 다양한 부재료를 사용해 막걸리의 한계를 넘고자 했다면, 지금은 김포 지역의 특색을 담아내면서 마시기 편한 막걸리를 만드는 데 집중하고 있다. 새로운 독 브루어리는 양조를 위해서라면 밤낮을 가리지 않는 세 청년이 의기투합해 탄생했다. 고릴라브루잉의 최고운영관리자(COO)였던 추덕승 대표와 양조사이자 창업자인 이규민 상무, 크리에이티브 디렉터 우화섭 상무가 만나 시너지를 내고 있다. 양조장의 색깔도 확 달라졌다. 기존의 실험적인 레시피와 도전적인 맛으로는 제한적인 팬층과 소통할 수밖에 없다고 판단했기 때문이다. 독 브루어리는 더 많은 사람들이 즐길 수 있도록 6도로 도수가 낮은 깔끔하고 달콤한 막걸리를 만들었다. 독 브루어리는 '신선한 맛과 멋을 전

1

2

1 양조 전 3일 내에 도정한 쌀로 만드는 'DOK막걸리'.
2 독 브루어리 전경.

달하고 막걸리로 즐거운 소통을 확장한다'는 의미에서 효모가 살아 있는 생막걸리를 '라이브(live) 막걸리'라고 정의했다. 'DOK막걸리'는 세 가지가 살아 있다. 독 브루어리는 최고 품질의 김포금쌀만으로 술을 빚는데, 양조 전 3일 내에 도정한 쌀을 사용해 신선함을 잡았다. 여기에 쌀을 곱게 갈아 넣어 부드러운 질감이 입안 가득 느껴지도록 했다. 둘째는 뽀얀 우유 빛깔을 띠는 색이다. 독 브루어리는 순백의 막걸리 색을 '막걸리 화이트'라고 표현했다. '탁주는 탁하다'는 고정관념을 깨고 싶기 때문이다. DOK막걸리는 막걸리 화이트 컬러를 통해서도 보드라운 질감을 즐길 수 있도록 했다. 마지막으로 저온 숙성을 통해 맛과 향을 그대로 담아냈다. 막걸리를 만드는 과정에서 온도 제어 탱크가 일정하게 저온을 유지해 싱그러운 참외와 멜론의 달콤한 풍미가 살아 있다. DOK막걸리는 시간의 경과에 따라 풍미가 달라진다. 병입 초기에는 부드럽고 달콤한 맛을, 병 숙성 과정에서 산미와 탄산이 더해져 가볍고 깔끔한 맛을 느낄 수 있다. 독 브루어리는 어떻게 하면 좋은 맛과 풍미·향미를 찾을 수 있을지, 더 좋은 품질을 유지할 수 있는 기술을 접목할 방법을 끊임없이 찾는다. 그렇다고 수유동 시절의 DOK 브루어리가 보여준 실험적이고 도전적인 시도를 완전히 놓지는 않았다. 새롭게 접근할 수 있는 술은 계속된다는 얘기다. 독 이즈 백(DOK is back)!

3

4

5

3 양조장 한편에서 발효 중인 막걸리.
4 추덕승 독 브루어리 대표.
5 독 브루어리는 6도로 도수가 낮은 깔끔하고 달콤한 막걸리를 빚는다.

천년 역사가 깃든 '삼양춘'

인천의 삼해주는 오랜 역사를 자랑한다. 고려시대부터 왕족과 사대부, 백성 등 신분을 가리지 않고 사랑받았으며, 그 흔적은 고서에서도 찾아볼 수 있다. 고려시대 최고의 문장가인 이규보는 술을 마시지 않고서는 시를 지을 수 없을 정도로 애주가였는데, 인천에 살던 그가 즐겨 마시던 술이 바로 삼해주다.

전통주 1세대 양조장으로 꼽히는 송도향 전통주조는 바로 이 삼해주에서 출발했다. 삼해주는 평생 술 빚는 일과는 인연이 없던 강학모 대표를 전통주 사업에 뛰어들게 만들었다. 지금은 막걸리를 생산하는 것이 트렌디한 스타트업으로 여겨지지만 당시는 양조를 경쟁력 있는 사업으로 인정하지 않던 때였다. 그는 이름이 알려진 전국 팔도의 전통주 연구소를 모두 찾아다니며 연구를 시작했다. 현장에서 맛을 보고 집에 돌아와 직접 술을 빚어보며 꼬박 1년여를 보냈다. 원하는 맛을 내기까지 우여곡절을 거듭한 끝에 2013년, 첫 '삼양춘'이 탄생했다.

삼해주는 12일 간격으로 세 번에 걸쳐 술을 빚어야 완성되는 술이다. 삼양춘은 이 삼해주를 현대인의 취향에 맞게 새롭게 복원했다. 둘째 술까지는 멥쌀을, 셋째 술에는 찹쌀 지에밥을 사용하는 방식으로 빚는다. 이렇게 완성된 술에서는 은은한 청주 향이 난다. 마실 때는 크림치즈처럼 묵직하고 걸쭉하지만 부드럽게 넘어간다. 알코올 함량 12.5%로 다른 막걸리에 비해 도수가 높아 벌컥벌컥 들이켜기보다는 작은 청주 잔이나 와인 잔에 담아 맛을 충분히 음미하는 것이 좋다. 드라이한 맛이 특징이라 다양한 음식과 밸런스를 이루지만 특히 삼겹살구이, 스테이크, 돼지고기 수육, 수제 햄버거처럼 지방이 풍부한 음식에 곁들이면 느끼한 맛을 깔끔하게 잡아준다. 하지만 시장의 반응은 냉랭했다. 한 병에 1만 원이라는 가격 때문이었다. 지금은 한 병에 10만 원 이상 하는 막걸리도 등장했지만 당시에는 '프리미엄 막걸리'에 대한 이해가 전혀 없던 상황이었다.

품질과 맛만큼은 자신 있던 강 대표는 승부수를 띄웠다. 인천 송도에 막걸리 펍을 연 것이다. 일단 맛보면 삼양춘의 가치를 알아줄 것이라 판단했다. 시중의 일반 막걸리와 확연히 다른 깊은 맛이 느껴진다는 반응이 지배적이었다. 가격에 거부감을 느끼던 소비자들도 까다로운 품질관리와 정성스러운 제조 과정에 대해 알게 되면서 납득하는 이들이 많아졌다.

펍은 손님들에게 막걸리의 새로운 세계를 열어주고 송도향에는 시야를 넓혀주는 기회가 됐다. 막걸리를 마시는 손님들의 반응을 생생하게 들을 수 있었기 때문이다. 강 대표는 현장의 목소리를 들으며 고객과 눈을 맞춰가기 시작했다. 그 결과 기존 막걸리에 감칠맛·단맛·산미를 더한 새로운 버전의 삼양춘이 탄생했다. 이러한 '진화'는 2018년 대한민국주류대상 프리미엄 탁주 부문에서 대상을 수상할 때까지 거듭됐다.

삼해주를 현대인의 취향에 맞게 복원한 '삼양춘'.

북위 37 경기 여주

술아원 제조실 한편에 있는 동 증류기.

술과 나를
한데 부르는 말
술아원

여주는 예부터 물과 쌀이 좋기로 유명하다. 선사시대 때 벼농사의 흔적인 '탄화미(炭化米)'가 발견되었으며 조선시대에는 여주 물과 여주 쌀을 한강 수로를 통해 한양의 임금에게 진상했다고 하니 그 진가를 역사가 증명하는 셈이다. 이러한 여주 연하산 자락 점봉동에는 양조장 술아원이 있다. 술아원은 이 천혜의 물과 쌀로 술을 빚어 다섯 가지 과하주와 소주, 약주, 막걸리 등 다채로운 전통주를 세상에 선보이고 있다. 10년 전 강진희 대표를 시작으로 아들 임승규 씨까지 의기투합해 우리 전통주를 빚고 이를 넘어 전통주 문화 복원에까지 힘쓰고 있는 술아원을 찾아갔다.

술을 담글 때 가장 중요한 요소는 쌀, 물, 누룩 이 세 가지다. 그러므로 물과 쌀이 술의 맛을 좌우하는 결정적인 요소가 된다. 술아원에서는 청정 팔당상수원의 물과 그 물로 농사지은 여주산 햅찹쌀만을 고집해 술을 빚는다. 그래서 술에도 여주 찹쌀 특유의 달콤함과 부드러움이 배어 있다. 밥을 지어 맛있는 쌀이 술로 빚어도 맛있다는 강진희 대표의 지론에 따라 술아원은 다른 지역에서 난 쌀에 비해 가격이 높아도 여주산 찹쌀만 쓴다. 술아원의 연구실장이자 강 대표의 아들인 임승규 씨에 따르면 술아원은 좋은 술맛을 내기 위해 이곳 여주에 터

1

를 잡았다고 한다. 임승규 씨는 어머니의 뜻을 잇고자 4년 전 대학을 졸업하고 본격적으로 술아원에 합류했다. 그는 술아원의 처음을 되새기며 말을 이었다. "10여 년 전, 전업주부였던 어머니께서 가양주를 배우면서 전통주 세계에 입문하셨어요. 술 빚는 일이 체력을 요하는 일이라 어머니가 무척 고생하셨죠. 외삼촌인 강혁 본부장님을 포함해 여러 직원들이 있었지만 저도 학업과 병행하면서 일손을 보탰어요. 술아원에서 전통주를 잇겠다고 마음먹은 건 불과 몇 해 전이지만요. 술과 누룩 냄새가 지금의 저를 키웠다고 해도 과언이 아니에요."

2

1 술아원의 연구실장 임승규 씨.
2 예부터 물과 쌀이 질 좋기로 유명한 경기도 여주의 연하산 자락에 자리한 술아원.

3
4

3 술아원은 약주와 탁주 등 여러 주류를 선보이고 있다.
4 술을 담기 전 유리병을 철저히 소독한다.

술아원의 자랑 '과하주'

술아원의 이름을 달고 처음 세상에 나온 술은 막걸리가 아니라 '과하주'였다. 과하주(過夏酒)는 조선 후기에 쓰인 최초의 조리서 <음식디미방>에 '달고도 독한 여름을 지나는 술'이라 소개된 조선 명주다. 냉장 시설이 없던 그 옛날, 발효 과정에 증류수를 더해 도수를 높여 술의 변패를 막은 데서 유래했다고 한다. "유럽에도 이와 비슷하게 발효 도중에 브랜디를 첨가해 만든 술이 있어요. 포르투갈에서는 포트 와인, 스페인에서는 셰리 와인이라고 하죠. 일반 와인보다 더 가치 있는 술로 평가받아요. 그런데 우리는 그보다 100년이나 앞서서 이 과하주를 만든 거죠." 임 씨는 술을 빚고 배우며 마주한 전통주의 역사가 자신에게 큰 동력이 되고 있다며 일에 자긍심을 보였다.

하나하나 빚어 만든 '술아 막걸리'

술아원의 또 다른 라인 '술아 막걸리'는 무려 4년간의 시행착오 끝에 탄생한 술이다. 어떤 첨가물도 넣지 않고 여주 햅찹쌀과 국산 밀 누룩, 정제수만으로 만들었다. 더구나 직접 빚어 만들어 시판되는 막걸리와는 차원이 다른 맛을 느낄 수 있다고 한다. "지금도 많은 양을 하나하나 손으로 빚어 만들고 있어요. 빚고 나면 손끝이 저릴 정도예요. 그 덕에 시중에 나와 있는 다른 막걸리보다 점성이 강하고, 도수도 8도로 높은 편에 속해요. 맛은 말할 것도 없고요. 저희 막걸리는 입에 머금으면 과실 향과 감칠맛이 올라오고, 뒤에는 깔끔한 청량감만 맴돌아요." 그는 술 빚는 과정이 고되다 말하면서도 입가에 연신 웃음을 띠었다.

그런 그에게 술아원의 미래를 물었다. "보다 많은 사람들에게 전통주 문화를 알리고 싶어요. 와인이 지금 젊은 세대에 다가간 것만큼 우리 전통주 문화도 부흥시키고 싶어요. 그러기 위해 서두르지 않고, 진실되게 술을 빚고 있어요. 늘 좋은 재료를 사용하고 부지런하게 움직이고요. 더불어 술아원만 잘되고 싶어서 욕심내지 않고 전국 모든 전통 양조장과 함께 나아가고 싶어요. 그래야 전통주가 대세를 이룰 수 있을 테니까요." '술과 나(我)를 한데 부른다'는 술아원의 의미처럼 임승규 씨의 꿈은 전통주와 함께 깊고 진하게 익어가고 있다.

놀이공원을 세계관으로
구름아양조장

지난해 파인 다이닝 레스토랑과 '힙'한 칵테일 바에서 화제가 된 막걸리가 있다. 바로 구름아양조장에서 만든 '만남의 장소'다. 만남의 장소는 인스타그램 메시지로 사전 예약을 받는 데 순식간에 100병 넘게 팔릴 정도로 큰 인기를 모았다. 구름아양조장은 최근 신제품 '대관람차'를 선보였다. 지금까지 실험적인 막걸리로 마니아층을 사로잡았다면 이제는 좀 더 대중적으로 다가가겠다는 의지의 표현이다.

서울 마포구 지하철 광흥창역 근처에 자리한 구름아양조장은 2019년 출시한 '만남의 장소'에 이어 이듬해 '사랑의 편지'로 2030세대 사이에서 막걸리 돌풍을 일으켰다. 인스타그램 메시지로 예약한 후 방문해야 구매할 수 있는 데도 매달 한정 수량으로 생산하는 200병이 금세 동났다.
구름아양조장에서 만난 신동호·소지섭 양조사는 자신들을 '우리 술 창작가'라고 소개했다. 세계관과 스토리를 만든다는 의미로 창작가라 칭한다. 두 사람은 2013년 한국가양주연구소에서 인연을 맺었다. 구름아양조장의 원년 멤버인 신 양조사는 작년에 잠시 다른 일을 하다가 올해 다시 합류했다.
평범한 회사원이던 그는 바리스타로 창업을 계획하던 중 우연한 계기로 양조의 길에 들어섰다. "커피 없이는 살아도 술 없이는 못 살겠더라고요. 우리만 만들 수 있는 술을 선보이려고 합니다." 신 양조사는 굳은 의지를 내비쳤다.
'대관람차'는 신 양조사의 추억에서 비롯됐다. 그가 아일랜드에서 살 때 주말이면 소규모 이동식 놀이공원이 동네에 찾아왔다. 그는 "대관람차를 타고 하늘로 서서히 올라가면 천천히 술에 취하는 듯한 기분이 들었다"고 회상했다. 대관람차는 신 양조사가 개발한 막걸리에 추억을 담은 이름을

구름아양조장의 신제품 '대관람차'와 안도북스와 협업해 선보인 '매일그대화'

대관람차는 첨가물 없이 오롯이 철원오대쌀로 빚는다.

붙인 것이다. 대관람차가 알코올 도수 12도인 이유도 재미있다. "대관람차를 타면 12시 방향으로 올라갈 때 가장 황홀하잖아요. 그래서 알코올 도수 12도로 만들게 됐어요."
대관람차 막걸리는 첨가물 없이 오롯이 철원오대쌀로 빚은 알코올 도수 12도의 도수 높은 술이다. 시중에 나와 있는 막걸리가 대부분 6도인 것과 비교하면 훨씬 높다. 그럼에도 목 넘김은 부드럽다. 삼양주 방식으로 빚기 때문이다. 삼양주는 밑술 과정 다음에 두 번의 덧술 과정을 거쳐 만드는 술이다. 세 번 빚은 술로, 쌀로 술을 범벅해 밑술 후 이틀, 1차 덧술 후 이틀 정도 발효한 후 효모가 살아나면 고두밥과 함께 3차 발효를 한다.

게다가 탄산이 거의 없어 오래 두고 마셔도 맛이 그대로 유지된다. 나눠 마시고 싶을 때는 냉장 보관해 60일 이내에 마시면 된다. 같은 방식으로 만들어도 계절에 따라 다른 향이 나는 점도 특별하다. 봄에는 멜론과 참외 향, 여름에는 요구르트와 코코넛 향, 겨울에는 바나나 향을 느낄 수 있다.

'배치'에 따라서도 다른 맛이 난다. 누룩으로 빚어 매번 같은 술맛을 내기 어려운 탓이다. 전통주는 누룩의 발효 상태와 환경에 따라 맛이 달라지는데, 구름아양조장은 이것을 개별 번호인 배치로 특화했다. 막걸리마다 스토리를 부여한 셈이다. 일정한 레시피로 제조해 그 차이는 미미하지만 마니아층은 배치에 따라 다양한 맛을 즐긴다.

"구름아양조장 술 마니아들은 직감적으로 단맛과 감칠맛 등 미세한 맛의 차이를 느껴요. 배치 번호별로 모으는 마니아도 있을 정도예요."

대관람차는 등산 후 벌컥벌컥 마시는 막걸리가 아니라 작게 한 모금씩 음미하면서 마시는 술이다. 탄산이 거의 없어 얼렸다가 상온에서 녹여 셔벗으로 먹거나 위스키처럼 얼음을 채운 잔에 따라 마셔도 좋다.
구름아양조장은 대관람차에 이어 소 양조사가 만든 유자 막걸리인 '유자가' 출시도 앞두고 있다. 유자가는 경남 남해에서 자란 토종 유자를 부재료로 쓴다. 함박눈을 맞은 유자나무의 맨 꼭대기에 달린 유자로, 귀해서 한약재로 쓰이는 것이다. 맛도 일반적인 유자 막걸리와 확연히 다르다. 단맛을 줄여 깊고 진한 유자 맛을 느낄 수 있다. 탁주는 알코올 도수 9도, 약주는 13도다. 유자가는 로맨틱한 스토리를 담고 있다. 소 양조사는 본인의 아내가 될 "예비 신부를 위한 술을 만들고 싶었다"며 "그의 생일이 9월 13일이어서 알코올 도수를 각각 9도와 13도로 정했다"고 덧붙였다.

독립 책방의 문턱을 넘다
얼마 전에는 독립 책방 안도북스와 협업해 '매일그대화'를 선보였다. 당초 책 읽기 좋은 계절인 봄에 출시할 계획이었는데, 술을 만들고 허가를 받는 데 시간이 오래 걸려 7월 말에 선보이게 됐다. 매일그대화는 끝 맛에 느껴지는 특유의 매화 향이 상쾌하다. 용기 디자인에는 조현진 작가가 참여했다.
구름아양조장은 앞으로도 이색 컬래버레이션을 이어갈 계획이다. "다양한 방법으로 실험적인 시도를 계속 할 거예요." 구름아양조장은 대관람차를 필두로 거대한 막걸리 세계의 놀이동산을 확장해나갈 예정이다.

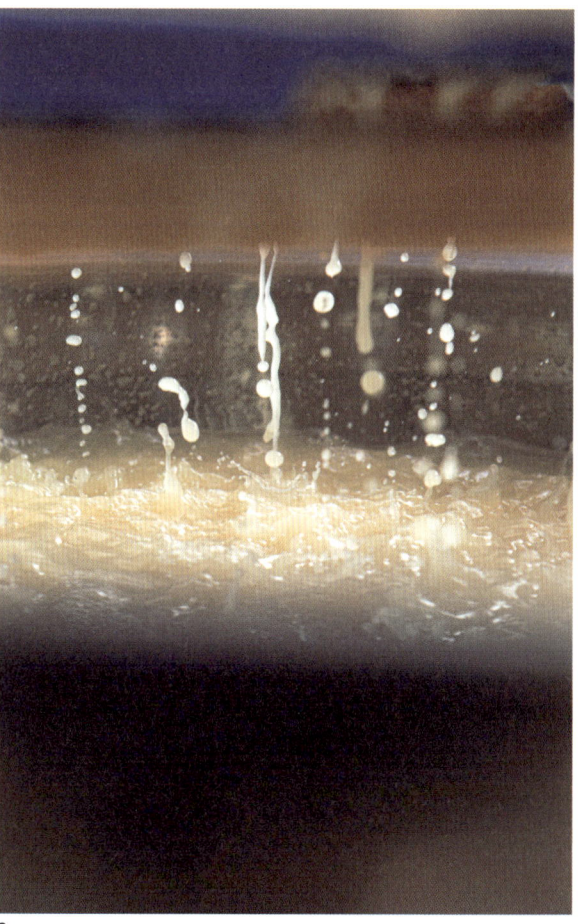

1 구름아양조장의 위트가 엿보이는 간판.
2 대관람차의 술거르기 작업이 한창이다.

진짜 서울 막걸리, 나루생막걸리

요즘 서울에서 가장 '힙'한 동네로 꼽히는 성수동. 그런 성수동에서 힙한 막걸리를 만드는 양조장이 있다. 바로 한강주조다. 이곳에서 만드는 '나루생막걸리'는 오직 서울에서 재배되는 경복궁쌀로 빚은 진짜 서울 막걸리다. 한강주조는 과거의 전통주를 현대적으로 재해석해 새로운 문화를 만들어간다. 한강은 예부터 역사의 장이자 민족문화 형성의 중심이었다. 과거에도 흘렀고 현재도 흐르고 미래에도 흐를 곳이라는 의미에서 한강주조로 이름을 지었다.

한강주조는 이름과 가장 잘 어울리는 곳을 찾다가 성수동에 터를 잡았다. 성수동은 오래된 공장 지대와 이른바 핫 플레이스가 어우러져 새로운 문화를 만들어가는 곳이다. 다양한 사람이 모이고 과거와 현대가 공존하는 모습이 한강주조가 추구하는 방향과 일치한다. 한강주조는 과거 화려하고 찬란했던 우리 술을 지금 사람들이 즐길 수 있도록 젊은 감각의 막걸리를 빚는다. 과거 명주로 불리던 술들은 단맛이 강하다는 공통점이 있었다. 고성용 대표는 과거의 술을 현대적으로 해석해 단맛을 줄이고 탄산을 없앴다. 레시피를 100번 넘게 수정했다. 막걸리는 외부 환경에 민감하기 때문에 편차 없이 일정한 맛을 내는 데 집중했다. 여기에는 한강주조의 양조 철학이 담겨 있다. 몇 년 전 나루생막걸리를 접했던 사람들이 지금 마셔도 '아, 이 맛이었지' 하고 기억할 수 있도록 만드는 것이다.

나루생막걸리는 단일 품종의 햅쌀을 사용하고 일반 막걸리보다 쌀 함량이 높아 부드러운 맛이 일품이다. 탄산이 없어 목 넘김도 편하다. 나루생막걸리의 단맛은 원재료인 쌀에서 나온다. 인공감미료는 물론이고 천연 감미료도 절대 넣지 않는다. 생막걸리는 시간의 흐름에 따라 맛이 변하는데 병입 초기에는 산미 없이 바닐라와 배의 달콤하고 부드러운 맛을 느낄 수 있다가 시간의 흐름에 따라 탄산과 산미가 가미돼 드라이한 맛이 난다. 나루생막걸리는 알코올 농도 6도와 묵직한 텍스처의 알코올 농도 11.5도 두 가지로 즐길 수 있다.

1 서울에서 재배한 경복궁쌀로 담근 '나루생막걸리'와 대한제분과 협업해 곰표를 뒤집은 기발한 이름으로 출시한 '표문막걸리'.
2 고성용 한강주조 대표.

매일의 날씨처럼 달라지는 막걸리
날씨양조

날씨양조의 김현지·한종진 공동대표는 서로를 '현지 씨', '종진 씨'라며 정중하게 부른다. 사업 파트너이자 부부인 이들의 중심에 막걸리가 있다. 두 사람은 막걸리학교에서 강사와 학생으로 인연을 맺었다. 이들은 언젠가 양조장을 열어 나만의 술을 만들어보겠다는 같은 꿈을 가졌다는 사실을 알게 되면서 빠르게 가까워졌고, 꿈을 향한 발걸음을 함께 내딛기 시작했다. 첫 단계는 소비자의 취향을 파악하는 일. 이를 위해 김현지 대표의 이름을 딴 전통주 보틀 숍 '현지날씨'를 열었다. 당시만 하더라도 전통주만 전문으로 취급하는 보틀 숍이 전무하던 상황이었다. 이 과정에서 알게 된 사실 중 하나는 소비자는 '새로운 술'에 대한 욕구가 크다는 것이다. 늘 그 자리에 있는 익숙한 술보다 새로운 제품과 신선한 라벨을 선호한다는 것. 두 사람은 이러한 깨달음을 바탕으로 날씨양조가 나아갈 방향을 구체화해나갔다. 기존 전통주에서는 볼 수 없던 신선함을 가질 것, 지속적으로 신제품을 내놓을 것, 마시는 동안 질리지 않도록 당도를 낮출 것, 동시에 전통주 마니아들의 까다로운 입맛을 만족시킬 수 있는 품질을 유지할 것. 전통주 마니아들은 와인과 맥주 등 다른 주종을 충분히 경험한 경우가 많아 아로마, 질감, 향을 섬세하게 캐치한다는 것이 이들의 분석이다. 이러한 분석을 바탕으로 완성한 첫 막걸리가 '봄비'다. 한라봉과 귤껍질을 넣어 시트러스의 상큼한 맛과 향을 느낄 수 있으면서도 끝 맛이 쌉싸래하게 마무리되는 드라이한 막걸리다. 소비자가격은 2만1000원. 웬만한 데일리 와인 못지않은 가격이기에 두 대표 역시 가격에 반감을 갖지 않을까 걱정했다. 하지만 예상외로 비싸다는 불평은 없었다. 여기에는 일반 막걸리와 구별되는 고급스러운 포장도 한몫했다. 올리브색 병에 트렌디한 라벨을 붙여 처음 제품을 접하는

김현지 대표가 디자인한 라벨이 붙은 날씨양조의 막걸리.

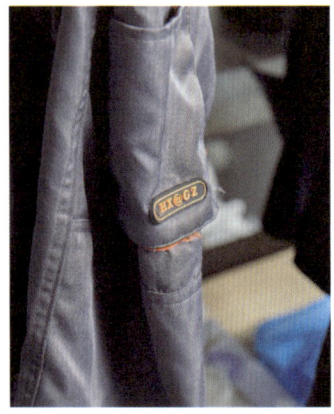

1
2

이라면 와인으로 착각할 수도 있다. 라벨 역시 김 대표가 직접 디자인한 작품이다. 그는 물감을 이용해 맛과 콘셉트를 감각적으로 표현한다. 맛에서도 차별화를 꾀했다. 보통 막걸리 하면 갖은 양념이 들어간 한식과 잘 어울리는 술이라고 생각하지만 날씨양조의 지향점은 달랐다. 와인에는 치즈를, 위스키에는 초콜릿을 곁들이듯이 간단한 안주를 곁들이고 술맛에 집중할 수 있는 막걸리를 만들겠다는 것. 그래서 이들의 제품은 별다른 안주 없이 술만 음미해도 허전한 느낌이 들지 않는다. 시그니처 막걸리인 '신기루'에 페어링할 때도 자극적인 맛보다 평양냉면·수육·만두 같은 심심한 안주가 어울린다. 날씨양조는 시즌별로 새로운 맛을 가진 제품을 선보인다. 부재료로 계절에 가장 잘 어울리는 과일을 첨가해 제품별로 차별화한다. 여름에는 수박을 넣은 '여름 바다'나 레몬과 망고를 넣은 '열대야', 가을에는 포도와 체리를 넣은 '해질녘'을 선보이는 식이다. 또 카카오와 계피, 후추를 넣은 '간절기'와 시그니처 막걸리 '신기루' 등으로 다양한 변주를 시도한다. 제품명을 자연현상과 관련된 단어로 정하는 것 또한 날씨양조의 제품을 기다리는 또 다른 재미다. 이러한 콘셉트를 생각하면 양조장 이름을 '날씨'로 정한 것도 자연스럽게 느껴진다.

1 두 사람 이름의 이니셜을 새긴 작업복.
2 발효 과정을 거치고 있는 날씨양조의 탁주.
3 서울 문래동에 문을 연 전통 주점 '오로라'

동네 빵집 같은 전통주 브루어리
한아양조

술이 달라지고 마시는 자리가 달라졌다. MZ세대는 더 이상 '부어라 마셔라' 하지 않는다. 색다른 경험에 거리낌이 없어 주종이 다양해지고, 개인의 취향과 시간을 존중받을 수 있는 '홈술'이 늘었다. 자신의 몸과 마음에 '조금 더 좋은 것'을 기꺼이 찾아 행복을 누린다. 여기 그런 사람들에게 어울리는 술이 있다. MZ세대 주인장이 운영하는 한아양조는 보기에 좋고 맛도 좋은 술을 정성껏 빚는다. 찾아 나서지 않을 이유가 없다.

조용한 동네 골목 틈에 새 가게가 들어섰다. 작은 입간판을 지나 쌀 모양 로고 하나로 단출하게 장식한 문을 열면 양조장이 펼쳐진다. 조금 낯선 풍경이다. 양조장의 주인이자 모든 일을 책임지고 있는 유일한 노동자라고 자신을 소개하는 한아영 대표는 안정적인 직장에 다니던 평범한 회사원이었다. 난데없이 양조를 시작하게 된 데는 전통을 계승하려는 굳은 사명감이나 남다른 계기가 있었던 것은 아니다. 4년 가까이 회사 생활을 하는 동안 한 대표는 그저 자신이 좋아하는 일, 행복한 일을 하며 살기 위해 끊임없이 고민했고, 즐겨 마시던 술에서 길을 찾았다. 그리고 살던 곳과 가까운 익숙한 동네에 자리를 잡았다. 동네 빵집처럼 막걸리를 팔고 싶다는 한아양조는 그렇게 서울 방배동에 문을 열었다.

1

1 동네 빵집처럼 친근한 양조장으로 자리 잡고 싶다는 한아양조.
2 한아영 대표는 맛과 향의 중심인 백진주쌀을 이용해 술을 빚는다.

한아양조의 대표 탁주 '일곱쌀'과 '아홉쌀'.

두루두루 즐기는 전통주

처음부터 막걸리를 만들겠다고 시작한 것은 아니었다. 오랜 시간 술을 경험하고 공부하다 보니 전통주 맛의 넓은 스펙트럼에 매료되었고, 확장 가능성이 무한한 술이라고 판단했다. 한아양조는 '쉽고 재미있는 술'을 지향한다. 한정된 맛과 이미지에 갇히지 않고 남녀노소 누구나 즐겁게 마실 수 있길 바라는 마음이 있기 때문이다. 첫 론칭 제품인 '일곱쌀'과 '아홉쌀' 막걸리는 쌀과 물, 발효제 등의 기본 재료로 만드는 순곡주지만, 숙성도에 따라 다채로운 맛을 느낄 수 있다. 탐험하는 재미가 있는 술이다. 인공 첨가물을 철저히 배제해 쌀 본연의 맛에 집중하고 청량감을 살려 꿀꺽꿀꺽 마시기에 부담이 없다.

과채류의 부재료나 향을 첨가했다고 생각될 정도로 풍부한 향기 또한 매력적이다. 병입 초기에 나는 풋사과가 연상되는 상큼한 향부터 참외·수박 등의 달콤한 과실 향, 숙성될수록 진해지는 견과류나 바닐라의 향은 오로지 쌀의 발효 작용이 빚어내는 것이다. 맛과 향의 중심이 쌀인 만큼 국산 품종으로 엄선했다. 일곱쌀과 아홉쌀은 백진주쌀 단일 품종을 사용한다. 아밀로오스 함량이 낮은 멥쌀이라 부드러운 찰기가 있고, 달고 풋풋한 맛을 고루 가지고 있어 원하는 술을 만들기에 적합했다. 게다가 수십 년 가족의 끼니를 책임진 한 대표 어머니의 깐깐한 기준을 통과한 쌀이었다. 밥을 지었을 때 맛있는 쌀이 술을 빚어도 맛있다는 '밥의 민족'다운 발상이 들어맞은 셈이다. 또 상쾌하고 청량한 막걸리 맛을 위해 밑술에 새로 찐 고두밥을 추가해 두 번 빚는다. 이양주 방식으로 주조하면 거친 맛이 사라지고 쌀 고유의 향미가 더욱 살아나기 때문이다.

한 대표는 맛의 밸런스를 맞추는 비결은 품질 좋은 재료와 노하우랄 게 없는 정성이라고 말한다. 미세한 차이에도 크게 달라지는 양조 특성상 모든 과정에 소홀할 수 없다. 하나하나 손이 가기 때문에 한 달 800병 정도의 생산 규모를 유지하고 있다.

볼 때도 마실 때도 행복한 술

한아양조는 오픈과 동시에 전통 주류 신(scene)의 샛별로 떠올랐다. 전량 완판 행진을 이어가는 중이다. 맛도 맛이지만 제일 먼저 소비자의 관심을 끄는 것은 디자인이다. 각각 7도, 9도의 쌀 막걸리를 뜻하는 일곱쌀, 아홉쌀이라는 이름은 재치 있는 네이밍으로 화제다. 거기에 독특한 용기가 마음을 사로잡는다. 환경을 생각해 고른 매끈한 유리병 라벨에 개구진 미소를 띤 아이의 사진을 담았다. 바로 한 대표의 일곱 살 적 모습이다. 아홉쌀은 도수가 더 높은 것을 표현하기 위해 같은 사진이지만 술에 취해 시야가 흐려진 효과를 더했다.

"이 라벨을 보자마자 사람들이 다 웃어요. 일단 그 점이 성공이에요. 술은 기분 좋아지려고 마시는 거니까 보고 그냥 웃을 수 있었으면 했거든요. 그리고 일곱 살, 아홉 살 나이 때는 별거 아닌 것에도 쉽게 행복하잖아요. 술을 마시며 그런 행복을 찾자는 의미도 담고 싶었죠. 보기에 좋은 게 먹기도 좋고요."

양조장 한편에서 병마다 손수 라벨을 붙이는 한 대표에게 일의 만족도를 물었다. 잘 팔릴까 하는 보편적인 걱정을 빼

3

면 만족도는 현재 최상이라고 했다. "손님들이 막걸리 마시고 기분이 아주 좋았다고 말해주실 때 굉장히 뿌듯해요. 행복을 부르는 술을 만들고 싶었어요. 이왕이면 좋은 재료로 만들어 조금 더 맛있고, 시원하고 재밌게 마실 수 있는 술이요. 다들 쉽게 쉽게 좋은 걸 마시고 행복하면 좋겠거든요. 너무 어렵지 않게 손에 잡히는 작은 행복을 주고 싶어요." 한 대표는 앞으로 다양한 시도로 더 많은 소비자를 만날 수 있기를 바란다. 추석 전 12도의 '열두쌀'을 출시했고, 올해 안에 와인처럼 맑은 쌀 술을 선보일 계획을 진행 중이다. 행복을 찾기 위해 시작한 양조장에서 한아양조는 오래오래 모두의 행복을 빚어나가려고 한다.

4
5

3 쌀을 모티브로 한 한아양조의 로고.
4 한아영 한아양조 대표.
5 한 대표의 일곱 살 적 모습을 담은 사진으로 장식한 라벨.

북위 37 서울 강남

도시의 소울을 담은
C막걸리

1

C막걸리는 서울 강남이 가진 도시의 에너지와 소울(soul), 다양성, 창의적 시도를 콘셉트로 술을 빚는다. 전통 주조 방법으로 빚은 도시의 술이 바로 C막걸리다. 애주가를 자처하는 최영은 C막걸리 대표는 주당들을 위한 막걸리를 지향한다. 시작은 태국 유학 시절부터. 현지에서 구할 수 없는 것을 직접 만들어 먹다 보니 자연스레 막걸리 양조에 관심이 생겼다. 독학으로 막걸리를 빚다가 양조장을 세우기로 결심했다. 2년여간 레시피 개발에 집중한 결과 100가지가 넘는 부재료를 사용해 술을 만들었다. 제철 재료를 사용한 시즈널 막걸리를 비롯해 특별한 날을 위한 기념일 막걸리 등을 이달의 술로 선보인다. 매달 바뀌는 막걸리는 마치 패션 컬렉션을 보는 듯한 즐거움을 더한다. C막걸리는 전통 양조에서 사용하지 않던 다양한 천연 컬러 푸드와 허브, 약재를 사용해 창의적이고 기발한 맛을 낸다. 창의적인(creative), 다채로운(colourful), 세계적인(cosmopolitan)의 머리글자를 딴 이름에 담긴 의미처럼 전통과 현재의 만남을 추구하고 막걸리 문화의 다양성을 만들어간다. C막걸리의 차별화 포인트는 쌀과 누룩이 아닌 독특한 색과 향을 내는 부재료에 있다. C막걸리의 알록달록한 빛

2

1 서울 구룡산 인근에 자리한 C막걸리 양조장에서는 다채로운 부재료를 더해 막걸리를 빚는다.
2 항아리에서 발효한 밑술을 스테인리스스틸 탱크로 옮겨 담는 하이브리드 제조 방식을 지향한다.

깔을 보고 맛도 달콤할 것으로 생각하면 오산이다. C막걸리는 알코올 도수가 9~15도 사이로 6도인 일반 막걸리보다 훨씬 높다. 막걸리는 원주에 물을 넣어 희석하는데, 술의 에센스보다 물이 많이 들어가면 안 된다는 것이 최 대표의 생각이다. 인공감미료를 넣지 않은 프리미엄 탁주는 본연의 맛을 내기 위해 꾸덕꾸덕하고 진한 것이 대부분인데, C막걸리는 쌀 술의 끈적한 기운을 덜어내고 진한 향을 더한다. C막걸리를 대표하는 '시그니처 퀴베'는 범벅 밑술을 고집해 부드러운 텍스처와 은은한 향이 일품이다. 범벅 밑술은 익반죽해 술을 만드는 기법이다. 쌀가루에 뜨거운 물을 부어 손으로 반죽하는 것으로, C막걸리만의 특별한 제조 방법이다. 쌀을 설익은 상태로 치대 술을 빚다 보니 온도나 습도, 환경에 매우 민감하다. 갖은 어려움에도 불구하고 범벅 밑술을 고집하는 이유는 C막걸리 특유의 향과 질감을 포기할 수 없기 때문이다.

3 항아리에서 C막걸리의 밑술이 발효 중이다.

북위 37 강원 영월

상쾌함을 빚는
동강주조

막걸리를 마시기 전 으레 하는 행동이 있다. 병 윗부분의 맑은술과 아래의 침전물을 고루 섞기 위해 막걸리 병을 흔드는 것. 하지만 이 행동을 금하는 막걸리가 있다. 풍부한 천연 탄산과 깔끔한 맛으로 대중의 입맛을 사로잡은 동강주조의 막걸리, '얼떨결에'다. 얼떨결에 막걸리를 빚었다는 홍보 문구 뒤엔 누구보다 성실하고 치밀하게 준비한 방용준 대표의 노력이 숨어 있다. 그의 시작은 엔지니어였다. 5년간 엔지니어로 일하면서도 발효공학과 주조에 대한 관심은 더해만 갔다. 결국 회사를 그만두고 7년간 여러 수제 맥주 회사를 거치며 모든 과정을 몸과 머리로 익혔다. 수제 맥주 브랜드들처럼 우리 전통주도 주류 시장에서 충분히 경쟁력이 있을 거라는 믿음이 생겼고, 고향인 강원도 영월에 돌아와 지금의 동강주조를 설립했다. 스파클링 막걸리 얼떨결에는 동강주조의 첫 작품이다. 병 안팎으로 영월이 가득하다. 병 안으로 영월에서 생산된 햅쌀에 국내산 누룩과 효모, 정제수를 배합해 만든 탄산 막걸리를 담았고, 밖으로는 영월의 동강을 상징하는 파란 물결을 톡톡 터지는 탄산의 형상을 표현한 로고에 넣었다. 타깃층은 확실하다. 막걸리에 거부감이 있거나 술을 잘 마시지 못하는 사람들을 위한 입문용 막걸리다. 방 대표는 수제 맥주 회사에서 쌓은 경험치를 얼떨결에 녹여 담았다. 맥주의 발효 공법, 그중에서도 라거 공법을 막걸리에 접목했다. 라거 맥주는 저온에서 발효한 뒤 효모를 가라앉힌 맥주로 톡 쏘는 시원한 느낌과 부드럽고 가벼운 풍미가 특징이다. 기존 막걸리가 25~27°C 사이에서 발효를 시작한다면 얼떨결에는 20°C 이하에서 발효를 시작해 점점 온도를 떨어뜨린다. 발효 기간은 오래 걸리지만 더 깔끔하고 부드러운 맛을 낼 수 있다. 그 덕분에 요구르트 향, 비스킷 향과 산뜻한 배 향이 나면서 단맛과 신맛이 조화롭게 어우러지며 마치 탄산수를 마신 것처럼 이물감 없이 산뜻한 끝 맛을 낸다. 얼떨결에는 식품성 탄산을 주입했다고 오해하는 사람이 있을 만큼 일반 막걸리에 비해 탄산이 풍성하다. 그 비결은 무엇일까. 제성(양조장에서 술을 빚을 때 도수를 맞추거나 감미를 하는 마지막 단계) 단계에서 술 지게미를 많이 걸러 맑고 질량이 가벼운 술을 만든다. 여기에 병입 후 숙성 과정에서 천연 탄산이 최대치로 발생하는 온도와 기간을 연구했고, 그 데이터를 기반으로 기존 막걸리에선 느낄 수 없던 풍부한 천연 탄산을 구현했다. 아집 대신 고집으로 좋은 원료만을 사용해 좋은 술을 만들겠다는 방용준 대표의 다짐. 그 다짐과 함께 강원 영월을 상징하는 회사가 되고자 하는 동강주조의 여정은 이제 막 시작됐다.

1

2

1 라거 공법을 접목해 완성하는 스파클링 막걸리 '얼떨결에'.
2 동강주조는 영월에서 생산한 햅쌀로 막걸리를 담근다.

북위 37 경기 오산

마을과 함께 익어가는 술
오산양조

물건을 사고파는 사람들과 구경하는 사람들이 뒤섞인 시장 풍경 속에 양조장이 있다. 불그스름한 벽돌이 켜켜이 쌓인 단정한 건물에 '술에 스미다'라는 간판이 견고히 자리 잡고 있다. 오색시장 길목에 있는 오산양조는 경기도 오산시에 딱 하나뿐인 양조장이자 행정안전부가 선정한 마을기업이다. 마을기업은 지역의 자원을 활용한 수익 사업을 통해 기업뿐 아니라 지역공동체의 이익을 실현하는 곳이다. 주민 주도형 기업으로 기업과 지역사회 간 선순환을 만드는 데 앞장선다. 시에서 환경 개선 사업을 진행하며 시장 일대를 정비할 때 오산양조의 김유훈 대표는 잘 운영하고 있던 가업을 정리했다. 오로지 나고 자란 오산을 생각하며 새 사업을 물색하던 중 그는 문득 어린 시절 기억을 떠올렸다. 커다란 은행나무 아래 평상에 둘러앉아 술을 마시고, 마당에는 아이들이 뛰어놀던 활기차고 정겨운 동네 양조장을 말이다. 한편 오서윤 이사는 취미로 양조를 접하고 전통주의 매력에 점점 빠져들었다. 그리고 좋아하는 일로 사회에 이바지할 수 있는 오산의 대표 전통주를 만들고 싶은 소망을 품게 됐다. 그런 두 사람이 만나 오산양조를 설립한 것이다. 양

1
2

1 '술에 스미다' 슬로건을 담은 입간판.
2 오색시장 길목에 자리 잡은 오산양조장.
3 오산 막걸리와 전통주 캐릭터 '까미'를 활용한 패키지.

3

조장은 김 대표의 옛 사업체 자리에 새로 지어졌다. 공간을 둘로 나눠 한쪽 제조장에서는 술이 익어가고, 다른 쪽 실습장에서는 전통주 정규교육과 일일 체험, 각종 문화 행사들이 이뤄진다. 제조와 판매를 기반으로 주민들과 소통하고 전통의 진정한 의미를 전하기 위해 마련한 프로그램이다. 오산양조는 전통주를 통해 새로운 가치를 만들어간다. 그리고 그 바탕에는 언제나 지역과 상생하는 길을 모색하는 고민이 자리하고 있다. 이러한 목표 의식 아래 최근 자체적으로 개발한 전통주 캐릭터 '까미'를 지역사회와 공유했다. 오산시와 막걸리를 모티브로 한 캐릭터를 만들고 다양한 분야의 사회적 기업이 널리 활용할 수 있게 한 것이다. 오산양조는 현재 탁주를 기본으로 증류주와 요리 술도 선보이고 있다. 모두 오산의 특산품인 세마쌀로 만든다. 생산량이 1만 병 이상으로 늘면서 2021년에만 쌀 8톤을 사용했다고 하니 지역 농산물을 순환시키는 역할을 톡톡히 해내고 있다. 시그니처 제품으로 처음 '오산막걸리'가 탄생했고 도수 높은 진한 탁주인 '오매백주'는 시조(市鳥) 까마귀와 시화(市花) 매화를 상징한다. 문화 유적인 독산성 세마대지에서 영감을 받아 만든 증류식 소주 '독산' 시리즈까지 제품마다 오산의 색깔을 듬뿍 담았다. 오산양조는 로컬 브랜드로서 기본을 지켜 나가고 이와 더불어 다양한 시도를 통해 제품 라인업을 하나씩 다져가는 중이다.

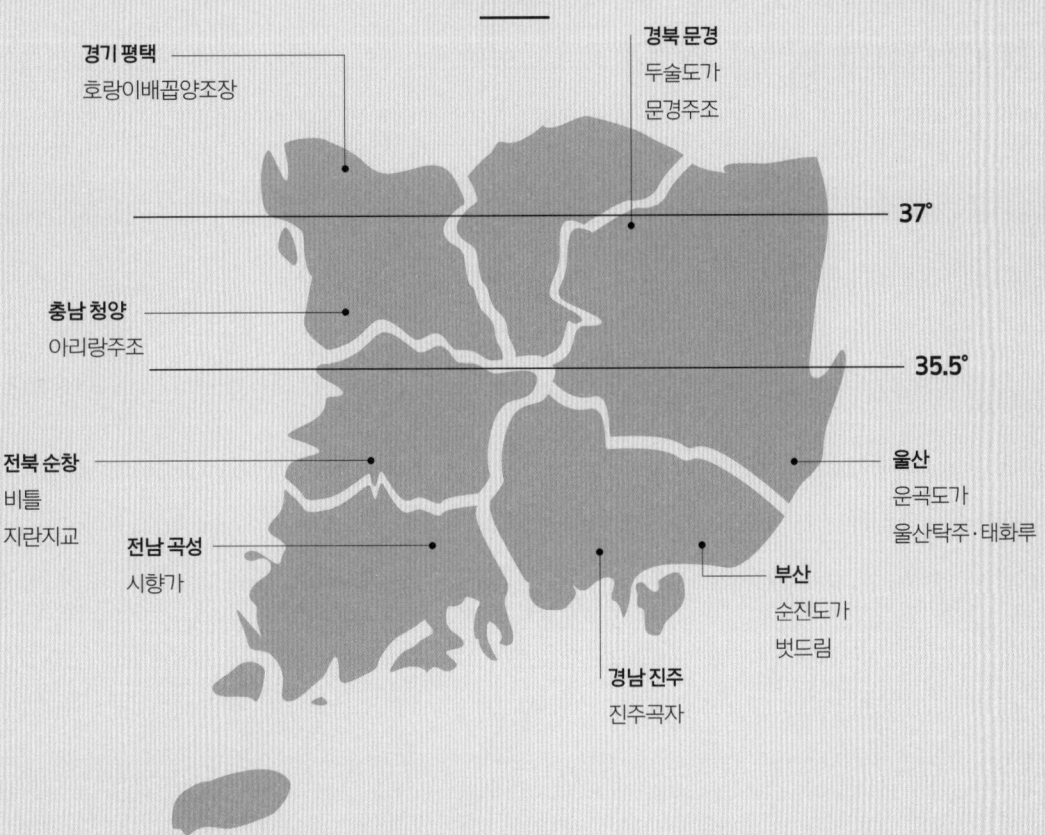

천혜 자연을 품은
북위 35.5°

경기 평택 — 호랑이배꼽양조장

경북 문경 — 두술도가, 문경주조

37°

충남 청양 — 아리랑주조

35.5°

전북 순창 — 비틀, 지란지교

울산 — 운곡도가, 울산탁주·태화루

전남 곡성 — 시향가

부산 — 순진도가, 벗드림

경남 진주 — 진주곡자

북위 36도상에서는 경기 남부와 충청, 북위 35도 전라, 경상, 부산 등 12곳의 양조장, 20여 개의 막걸리를 만났다. 이 지역은 드넓고 기름진 땅과 낙동강, 금강, 영산강 등 한반도 남단으로 끝없이 이어지는 물줄기라는 술을 빚는 데 알맞은 천혜의 조건을 갖추고 있었다. 이 지역은 대부분 가양주를 기반으로 대를 이어 막걸리를 빚거나 지역 특산물을 접목해 지역 막걸리를 선보인다. 대를 이어 전통주를 만드는 경우, 선대가 물려준 막걸리에 새로운 부재료를 넣어 변화를 꾀하거나, 파생 상품을 개발하는 등 트렌드에 발맞추고 있다.

전통주에 관심을 가진 MZ세대와 이를 너머 직접 빚고 있는 MZ세대까지. 북위 33도에서 38도에 걸쳐 우리 술 '막걸리'를 찾아 떠난 기행은 이것으로 갈무리하지만, MZ세대가 주도하는 막걸리의 서사는 이제 시작이다.

북위 35.5 경기 평택

평택을 향한 애정을 담아
호랑이배꼽양조장

1

1 혼술용으로 만든 '호랑이배꼽' 막걸리 350mL 병.
2 한반도의 형세를 호랑이에 빗대었을 때 평택이 호랑이의 배꼽 위치에 있어 이런 이름을 붙였다.

2

경기 평택을 떠올리면 항만 혹은 미군 부대를 먼저 생각했다. 또한 어떤 곳을 갈 때 스쳐가는 도시로, 도로 표지판에서 그 이름을 보곤 했다. 딱히 평택을 가야겠다거나 가보고 싶다는 생각을 하지 않았다. 하지만 호랑이배꼽양조장의 막걸리를 맛보고 난 후 그곳이 궁금해졌다. 달짝지근하고 상큼한 맛의 막걸리, 병에 그려진 기분 좋은 표정의 호랑이 그리고 온 가족의 애정이 담긴 양조장이 마음을 그곳으로 이끈다. 평택 토박이인 호랑이배꼽양조장 이혜인 대표는 고향을 떠나 서울에서 학업을 마치고 취업해 신문기자 생활을 하다가 평택에 돌아왔다. 디자이너로 일하던 언니 이혜범 씨도 마찬가지다. 그렇게 두 딸은 아버지를 따라 평택에서 함께 술을 빚기 시작했다. 화가인 아버지, 도예가이자 요리연구가인 어머니, 디자이너인 큰딸, 사진가인 작은딸. 호랑이배꼽양조장이 이만큼 각광받는 것은 함께 술을 빚는다는 사실 이외에도 가족 모두가 자신이 가진 역량을 양조장 곳곳에서 발휘하고 있기 때문이다. 방앗간을 운영했던

조부모에 이어 아버지 그리고 딸까지 3대가 평택 쌀을 가지고 살림을 꾸리니 그야말로 이곳에는 구수한 밥 짓는 냄새가 끊임없이 이어진다. 호랑이배꼽양조장의 막걸리는 화강암을 뚫고 나오는 맛 좋은 물에 해풍을 맞고 자란 쌀알이 작은 평택 쌀로 빚는다. 게다가 여타 양조장과 달리 생쌀을 으깨 술을 만드는 것이 이곳 막걸리가 깔끔하고 마시기 편한 완숙주가 된 비법이다. 또 귀엽고 재미난 이름이라고만 생각했던 상호에도 깊고 진한 이야기가 배어 있다. 한반도의 형세를 기상하는 호랑이에 빗대면 평택이 정확히 호랑이의 배꼽 자리에 있다는 데 착안한 이름이기 때문이다. 평택의 질 좋은 자원으로 술을 만들기 위해 양조장 이름에도 평택의 색을 덧입혔다. 대중과 소통하기 원했던 이 대표는 세계 최초의 전통주 캐릭터 호랑이 '꼬비'를 탄생시켰다. 노란색에 기분 좋은 미소가 돋보이는 꼬비는 춤을 추고 요가를 하며 막걸리 병, 전용 잔, 칠링 백 등 호랑이배꼽양조장에서 생산하는 막걸리와 다양한 상품에 그려져 있다. 그는 전통주가 올드하다는 편견을 깨고 젊은 소비자들에게 다가갈 수 있도록 혼술이 가능한 350mL 제품과 야외에서 맛볼 수 있는 막걸리까지 다양하게 만들었다.

3

4

5

3 평택 호랑이배꼽양조장 이혜인 대표.
4 여타 양조장과 달리 생쌀을 으깨서 빚은 막걸리.
5 세계 최초 전통주 캐릭터 '꼬비'가 그려진 막걸리 전용 잔.

북위 35.5 경북 문경

두술도가의
그림 같은 이야기

경북 문경 희양산 자락에 있는 두술도가. 이곳의 주인장 김두수·이재희 부부는 미국 실리콘밸리에서 반도체 엔지니어로 살다 15년 전 귀농을 결심하고 이곳에 터를 잡았다. 지금은 마을 공동체의 일원으로 지역 주민들과 함께 마음과 뜻을 나누며 농사짓고 술을 빚는 부부. 두술도가 술의 라벨에 그려진 동화처럼 어여쁜 두술도가의 이야기 첫 장을 열었다.

대부분의 사람들이 미국살이를 동경하던 2000년대 초, 실리콘밸리에서 만난 김두수·이재희 씨는 부부의 연을 맺었다. 그렇게 부부는 남부럽지 않은 삶을 살았다. 그런데 정작 부부는 좀 달랐다. 이들은 남들 기준과 다른 삶의 방향을 지향하고 있었다. 이들은 왜 선진사회, 이상적인 근로 환경 같은 미국에서의 보장된 안정적인 삶을 뒤로하고 한국행을 선택했을까. 의아하다는 생각이 들 때쯤 부부는 미국 생활이 모두의 예상처럼 평안하지만은 않았다며 과거를 회상했다. "미국에서 우연히 <녹색평론>이라는 잡지를 읽으며 생태주의, 지속 가능한 삶 등 자연에서 사는 삶에 대한 고민이 있었어요. 근데 당시 미국 상황은 정반대였죠. 정부가 테러와의 전쟁을 선포하며 나라 안팎으로 떠들썩했고, 집집마다 커다란 성조기를 내걸고…. 그야말로 어수선했죠. 경제적인 측면에선 분명 저희 삶이 안정적이었다고 할 수 있지만 마음은 그렇지 못했던 것 같아요. 그 상황에서 벗어나고 싶었으니까요." 결국 부부는 미국 영주권도 포기한 채 한국으로 돌아왔다. 그리고 1년여간의 고민 끝에 경북 문경으로 향했다. 부부가 연고 하나 없는 이곳을 택한 데에 그다지 특별한 이유가 있는 건 아니다. 귀농을 하기 위해 2년간 전국을 돌아다니다 우연히 들른 이곳

두술도가를 모티브로 한 일러스트가 눈길을 끈다.

1

의 정취에 반해 정착하기로 결심했다고 한다. 그러나 정취와 달리 현실은 그리 낭만적이지만은 않았다. 부부가 문경에 정착한 2005년 무렵에는 귀농이나 귀촌이라는 개념 자체가 생소해 이들을 이상하게 보는 시선이 지배적이었던 까닭이다. "당시 젊은이들이 도시에 살다 시골로 간다는 건 괴상한 종교에 빠졌거나 인생이나 사업에 크게 망했거나 하는 기막힌 사연이 있다고 치부됐어요. 마을 어르신들도 저희가 뭐 하는 놈들인지 꽤 의문스러워하셨죠."

두술도가의 시작

부부는 더디지만 꾸준히 복숭아 농사를 꾸려나갔고, 이후 함께 농사를 지을 동료 농부들도 차츰 늘었다. 그렇게 부부는 문경의 희양산 자락 부락에 동네 어른, 젊은 농부들과 공동체를 이루어 지냈다. 그러던 어느 날, 유기농으로 농사짓는 공동체의 쌀이 팔리지 않아 걱정하는 동료들을 보고 술을 빚어보기로 마음먹는다. 이것이 두술도가의 시작이다. "쌀을 어떻게 생산하는지 눈으로 보고, 도정도 직접 하니 저도 열심히 했죠. 책으로, 몸으로 공부하고 익히며 술을 빚었어요. 제가 술 농사를 지으면 벼농사를 짓는 친구들이 '이번 술은 부드럽다', '더 달콤하면 좋겠다' 등등 의견을 제시하고요. 그런데 하면 할수

1 다양한 그림이 그려진 두술도가 막걸리 병.
2 두술도가 대표 김두수·이재희 부부.

3

4

록 즐겁더라고요. 그래서 2년 전에 주류 제조 자격을 얻어 이곳에 양조장까지 열었죠." 두술도가는 그렇게 '희양산 막걸리 15'를 시작으로 '희양산 막걸리 9', 그리고 문경의 특산물 오미자를 넣은 '오! 미자씨' 등 3종의 탁주를 시장에 선보이게 됐다. 두술도가의 술은 기본적으로 부드러우며 마시기 좋고, 달고, 시고, 쓰고, 떫은 다양한 맛의 밸런스가 좋다. 김 대표 역시 본인과 친구들이 맛있게 마시고자 만든 것이 희양산 막걸리의 시작이기에 맛이 가장 중요했다고 한다. 더불어 전통주에서도 와인처럼 복합적이고 구조적인 맛을 잘 구현하고 싶다고 한다.

하나부터 열까지 공동체

쌀과 술의 생산과 소비가 공동체 안에서 이루어지듯 막걸리 라벨링도 공동체의 도움을 받고 있다. 바로 공동체 일원인 그림책 작가 전미주 씨의 작품이 두술도가 술병에 그려진 것. 덕분에 두술도가의 양조장, 안내서, 술병에는 귀엽고 친근한 두술도가만의 동화가 가득하다. "쌀이 있었고, 술을 만들면 마셔줄 친구들이 있어서 이 일을 시작했어요. 이제는 즐거운 제 일이 되었지만요. 앞으로도 지금처럼 즐겁게 술과 인생을 완성해가고 싶어요. 언제고 완전한 만족은 없겠지만요." 웃음꽃이 활짝 핀 부부의 얼굴에서 '그렇게 두 사람은 영원히 행복했습니다'라는 동화의 결말을 떠올렸다.

5

3 희양산 공동체에서 유기농으로 재배하는 희양산 우렁쌀.
4 김두수 대표가 발효 중인 막걸리를 확인하고 있다.
5 그림책 작가 전미주 씨의 그림이 그려진 두술도가의 탁주.

북위 35.5 경북 문경

전통주를 향한 꿈이자 시작
문경주조

경북 공덕산과 용문산 자락, 그 사이를 흐르는 가는 물줄기는 경천호에서 한데 모인다. 그리고 이 산세와 수세가 휘감아 도는 자리에 문경주조가 있다. 이곳의 대표 홍승희 씨는 양조장을 열기 전 전통주 유통업에 몸담았었다. 15년간 다양한 우리 술을 접하고 마시며 좋은 술에 대한 갈망이 커질 무렵, 그는 자신만의 양조장을 갖겠다는 꿈을 키웠다. 그리고 2007년, 마침내 홍 씨는 황무지였던 이곳에 여아한 문경주조를 세웠다.

문경주조 홍승희 대표는 경북 문경 옆 예천 태생이다. 양조장을 운영하기 전까지 고향에 살며 우리 술을 유통하는 일을 했었다. 그는 무려 15년 이상 우리 술을 가까이하며 몸소 익힌 전통주 베테랑이었다. 그런 만큼 사람들이 대체로 어떤 맛의 술을 좋아하는지, 전통주를 만드는 과정은 어떠한지, 어떤 양조장이 성심을 다해 술을 빚는지 자연스럽게 체득했다. 그렇게 십 수 년을 전통주 업계에서 일하며 그 분야의 동태와 생리가 훤히 눈에 익을 때쯤, 그는 서서히 나만의 술을 만들겠다는 꿈을 마음에 품기 시작했다. 그러다 점차 같은 시장을 두고 경쟁해야 하는 동종 업계 종사자가 하나둘 생길 무렵, 홍 씨는 미련 없이 사업을 접었다. "오랫동안 아주 많은 술을 마셔봤어요. 여러 양조장도 숱하게 드나들었고요. 그중에는 좋은 술을 제대로 만드는 곳도 있었지만, 그렇지 않은 곳도 허다했죠. 그러면서 언젠가는 내 마음에 꼭 드는 정직한 술을 만들어보고 싶다는 마음이 자꾸 들더라고요. 심지어 '조만간 나는 이 재료로 이렇게 술을 만들어야지' 하고 구체적으로 구상했을 정도예요. 그만큼 늘 하고 싶던 일이라 주저 없이 뛰어들었어요. 뭐든지 다 때가 있다고 하잖아요. 돌이켜보면 그때 제가 이 일을 시작할 시점이었던 것 같아요."

특별한 문경 오미자 생막걸리

문경주조가 자리 잡은 경북 문경시 동로면 노은리는 좌우로 공덕산과 용문산을 끼고 있으며, 양조장 앞에는 경천호로 향하는 물이 흐른다. 그야말로 완벽한 배산임수의 지세다. 게다가 멋들어진 바깥채와 안채로 이뤄진 한옥 양조장

문경 특산물 오미자를 넣어 빚은 '오미자 생막걸리'와
담백한 맛의 '구름을 벗삼아'.

1

2

3

은 아름다운 풍경에 고아한 정취를 더한다. 그러나 이렇게 양조장을 구축하기까지는 무려 1년 이상의 시간이 걸렸다고 한다. 그리고 문경주조가 지어지고 난 후 홍 대표는 자신이 간직했던 전통주에 대한 꿈을 본격적으로 하나 둘 실현하기 시작했다. "특별한 술을 만들고 싶었어요. 제가 생각하는 특별한 술은 이 지역의 산물을 활용하는 술이에요. 우리 양조장 앞에 흐르는 물은 낙동강 발원이에요. 산과 물을 옆에 끼고 있어 기온이 문경 시내보다 평균 2~3°C 가량 낮지만 물과 공기는 아주 좋아요. 게다가 이 근방에는 우리나라에서 유명한 오미자 생산지가 있죠. 그야말로 특별한 술을 만들기에 최적의 입지죠." 실제로 당시 전통주 시장은 약주와 막걸리가 전부였던 터라 문경주조의 '오미자 생막걸리'는 출시하자마자 시장에 반향을 일으켰다. 생막걸리에 과실을 넣는 사례가 처음이었기 때문에 주세법에도 관련 규정이 존재하지 않아 특허를 내고 이 일을 진행했다고 한다.

1 홍승희 대표는 좋은 술을 만들기 위해 술을 발효하는 옹기에도 신경 썼다.
2 문경주조의 '구름을 벗삼아'는 항아리에서 100일 이상 숙성 과정을 거친다.
3 문경의 특산물인 오미자.

4

4 문경 동로면에 위치한 문경주조의 풍경.
5 홍승희 문경주조 대표.
6 문경주조에서는 탁주 이외에도 다양한 술을 개발하고 있다.

끊임없이 꿈을 꾸는 문경주조

문경 주조에는 오미자 생막걸리 이외에도 지역 특산주 '구름을 벗삼아', 고급 탁주 '문희', 스파클링 막걸리 '오희' 등 여러 탁주가 있다. 구름을 벗삼아는 수확한 지 반년이 지나지 않은 햅쌀만을 고집해 빚는 문경 특산주로 깔끔한 맛이 특징이며, 찹쌀 수제 탁주와 오미자 수제 탁주 두 종류로 선보이는 문희는 항아리에서 100일 이상 숙성 과정을 거친 막걸리다. 경북 문경과 전북 익산에 전해 내려오는 전통주를 기반으로 빚은 술이라 더욱 특별하다. 오희는 오미자의 풍미와 풍부한 천연 탄산이 어우러진 샴페인 성격을 띠는 탁주라고 한다. 이 밖에 유기농 찹쌀과 우리 밀 전통 누룩으로 빚은 약주 '문희주'와 국내산 홉으로 만든 쌀맥주 '폭스앤홉스'도 선보이고 있다. 양주에 버금가는 한국 정통 증류주도 곧 출시할 예정이다. 이토록 다양한 시도와 노력에 대해 홍 대표는 전통주에 품은 애정을 다시 꺼내 보였다. "좋은 술을 만들고 싶어 전통주 빚는 일을 시작했어요. 우리나라 술을 알리고 지키기 위해 시작한 일이니 앞으로도 오래 문경주조를 이어가고 싶어요. 우리 양조장 술이 맛있다는 말만 들으면 평생 즐겁게 술을 빚을 수 있을 것 같아요. 문경주조는 과거에도, 지금도, 앞으로도 제 영원한 꿈이니까요."

5

6

북위 35.5 충남 청양

한 지붕 아래 두 양조장
아리랑주조·두이술공방

충남 청양군 칠갑산 자락, 드넓은 논밭을 지나 도착한 곳은 아리랑주조의 간판이 걸려 있는 양조장. "여기는 아리랑주조이면서 두이술공방이기도 합니다." 이윤범 대표의 인사에 의문이 들었다. 알고 보니 아리랑주조와 두이술공방은 같은 곳에서 같은 대표가 운영하는 양조장이었던 것. 한 지붕 아래 양조장 두 곳이 공생하는 재미난 사연을 들어봤다.

2009년 귀농을 꿈꾸던 이윤범 대표 부부가 충청도의 부지를 둘러볼 때였다. 별다른 소득 없이 서울로 돌아가려던 차에 눈에 들어온 곳이 바로 폐양조장이었다. 부부가 양조업을 택한 것이 우연은 아니다. 남편 이윤범 대표의 선친은 전남 함평에서, 아내 이윤미 대표의 외조부는 전남 목포와 무안 경계에서 양조장을 운영했기에 두 사람에게 양조장은 낯설지 않은 장소였다. 부부는 과감하게 양조업에 뛰어들었다. 연고가 없던 충남 청양군에 자리를 잡고, '우리의 정서가 담긴 술을 만든다'는 의미를 담은 '아리랑주조'를 설립했다. 이후 10년간 '겨울소주 25', '구기홍주', '알밤막걸리' 등 다양한 주류를 생산하며 입지를 다졌다. 그리고 2019년 부부는 지역 농산물을 활용한 지역 특산주 생산에 도전했다.

충남 청양군에 위치한 아리랑주조의 양조장.

현재 우리나라 주세법상 지역 특산주를 보호하기 위해 지역 특산주가 아닌 술을 생산하는 곳에는 같은 주종으로 동시 제조면허를 내어주지 않아 새 양조장 면허가 필요했다. 결국 아리랑주조 공장 건물의 구역을 나누어 또 다른 술 공방을 차렸다. 부부의 성을 따 '두 이씨가 술을 만드는 공방'이라는 의미의 '두이술공방'이다. 아리랑주조를 10년 동안 운영하며 쌓은 노하우를 살려 지역 특산주인 수제 생막걸리 '술공방 9.0'을 만들었다.

발효를 억제하다

술공방 9.0의 핵심은 발효를 억제하는 것. 보통의 막걸리는 어떻게 발효를 잘 활성화할지가 관건인데, 이와는 완전히 반대다. 누룩의 효소는 물을 매개로 발효를 왕성하게 하는데 술공방 9.0은 담그는 과정에서 물을 거의 넣지 않은 상태에서 발효시킨다. 쌀 본연의 맛을 가장 잘 이끌어내기 위해 발효를 억제하며 천천히 오랜 기간 숙성시키는 것이다. 시행착오도 많이 겪었다.

"막걸리의 맛을 내는 건 어렵지 않아요. 문제는 그 맛을 유지하는 거죠. 처음 출시했을 때 다른 제품의 발효 기간이 일주일이라면 술공방 9.0은 2주 동안 발효시켰어요. 제조 직후에는 분명 맛이 좋았는데, 소비자들이 받은 제품은 탄산이 계속 새어나와 병 입구가 끈적거리고 병 주변에 침전물

1 아리랑주조는 청양에서 재배한 청양미로 술을 만들고 있다.
2 아리랑주조의 '알밤막걸리'.
3 이윤범 아리랑주조·두이술공방 대표.

의 흔적이 생기더라고요." 이 대표는 연구 끝에 발효 기간을 한 달로 늘렸다. 이 덕분에 수제 누룩과 청양 햅쌀의 진한 맛을 소비자들에게 그대로 전달할 수 있게 됐다. 발효를 억제하는 동시에 술이 제대로 숙성될 때까지 충분히 기다렸다. 그 결과 천연 발효만의 깊고 풍부한 맛을 담은 생막걸리가 탄생했다.

쌀 본연의 단맛만을 담다

막걸리의 단맛을 내는 데 많이 쓰는 감미료는 아스파탐이다. 아스파탐은 설탕의 200배나 되는 단맛을 내지만, 열을 가하면 쉽게 분해되어 단맛을 잃는 성질 때문에 주로 차가운 음료 제조에 사용한다. "양조 과정에서 발효시키면 알코올 도수가 15~16도가 나와요. 도수를 6~7도로 낮추려면 물을 많이 넣어야 하는데, 그러면 맛이 밍밍하죠. 도수를 낮춘 채로 단맛을 내려면 감미료를 넣을 수밖에 없어요." 이 대표는 막걸리에 아스파탐을 첨가하지 않고 쌀과 누룩만으로 빚은 생막걸리를 만들기 위해 단맛을 빼고 도수를 높였다. 그렇다고 술공방 9.0이 단맛이 전혀 없는 건 아니다. 다른

4

4 10년간 '겨울소주 25', '알밤막걸리' 등 다양한 주류를 생산해온 아리랑주조
5 '술공방 9.0'은 은은한 바닐라 향과 향긋한 산미, 묵직한 보디감 뒤에 쌀의 단맛이 난다.

5

막걸리에 비해 달지 않을 뿐이다. 은은한 바닐라 향과 향긋한 산미, 묵직한 보디감 뒤에 쌀 본연의 단맛이 기다린다. 옛 막걸리처럼 걸쭉하고 진한 생막걸리라 여운이 길다. 깊고 정직한 맛은 막걸리 병에서도 그대로 느껴진다. 다른 미사여구 없이 공방에서 만드는 술이란 의미로 '술공방', 그리고 알코올 도수를 알리기 위해 '9.0'을 붙여 '술공방 9.0'이 됐다. 500mL의 양은 부족하지도 과하지도 않다. 알코올 도수가 높은 만큼 한 병을 기분 좋게 마실 수 있는 적당한 양이다. 술공방 9.0은 2019년, 2020년 2년 연속으로 '충남술 TOP 10'에 선정되며 그 맛과 퀄리티를 입증하고 있다. 국내뿐 아니라 해외에서도 호평받고 있다. 국내에선 한 달 평균 1200병 정도가 판매되고 있고, 1년 전부터 홍콩에도 지속적으로 수출하고 있다. 이 대표는 여기에 안주하지 않고 더 나아가려 한다. "양조업은 끝없는 공부의 연속이라 여전히 이 과정이 어렵고 힘들다"라고 하면서도 술공방 9.0의 다음을 기획 중이다. 도수를 조금 낮추고 감미료 대신 청귤을 활용해 상큼한 느낌과 단맛을 내보려 한다. 여기에 탄산까지 더할 생각이다. 막걸리가 친숙하지 않은 이들의 입맛을 사로잡기 위한 묘안이다. 조만간 만날 두이술공방의 '청귤 스파클링 술공방'을 기대해본다.

북위 35.5 울산 중구

반세기의 전통을 이어온
울산탁주·태화루

"내도 30년 넘게 태화루만 마신다꼬. 을매나 맛있는지 안 마셔보면 절대로 몰라."
울산탁주·태화루로 향하는 택시 안에서 운전사의 '태화루' 예찬이 이어진다. 운전사뿐 아니라 울산에서 만난 울산 시민은 하나같이 태화루에 대한 애정을 감추지 않았다. 어딜 가든 "막걸리 한 병 주세요" 하면 당연하다는 듯 태화루가 나온다. 태화루는 주로 울산에서만 유통되기 때문에 다른 지역에선 인기를 체감하지 못하다가 울산을 방문했을 때에야 비로소 그 진가를 알게 된다. 1969년 울산에 있는 여러 개의 탁주 공장을 합친 '울산탁주공동제조장'이 지금의 울산탁주·태화루가 됐다. 처음부터 막걸리에 태화루란 이름이 붙은 것은 아니

1

1 반세기가 넘도록 명맥을 이어가고 있는 '태화루막걸리'.
2 태화루막걸리는 울산·울주 지역 햅쌀을 한 번 더 도정해 깔끔한 맛을 냈다.

110

3 4

다. 처음 만들 당시엔 울산을 대표하는 '태화강'이라는 이름을 사용하다가 1980년대 들어 '태화루'로 이름을 바꿨다. 태화루로 40년, 태화강까지 합하면 반세기가 넘게 명맥을 이어오고 있는 것이다. 태화루의 맛은 예전 그대로지만 주조 설비는 최첨단이다. 하루 평균 2만~3만 병이 출고되는 태화루의 맛과 품질을 일정하게 유지하기 위해 투자를 아끼지 않는 까닭이다. 대규모 양조장만의 기술이 태화루에 담겼다. 지하 암반수를 7단계에 거쳐 정수해 모든 단계에 사용하고, 대용량 증자기로 2톤에 달하는 쌀을 한 번에 투입해 고두밥을 짓는다. 또한 첨단 시스템으로 효모 양부터 온도와 습도 등 발효 조건을 제어하고 포장까지 오차 없이 일정하게 위생적으로 제조한다. 태화루의 단순하지만 깔끔한 맛의 비결은 한 단계 업그레이드된 도정 과정에 있다. 태화루는 농협에서 구매한 울산·울주 지역 햅쌀을 한 번 더 도정해 쌀알의 단백질과 지방을 최소화한다. 단백질 없이 전분만 분해했을 때 비로소 온전한 알코올 맛을 느낄 수 있기 때문이다. 청주를 떠올리면 쉽다. 술이 아주 맑고 맛도 깔끔하다. 술 등급을 매길 때 중요하게 여기는 것 중 하나가 바로 도정도인데, 이미 10% 정도 깎은 햅쌀일지라도 한 번 더 깎아 태화루의 맛을 살린다.

5

3 울산탁주·태화루 전경.
4 하루 평균 2만~3만 병이 출고되는 태화루의 제조실.
5 이현범 울산탁주·태화루의 연구실장이 탁주 제조 과정을 살피고 있다.

북위 35.5 울산 중구

1
2

울산 유일의 양조장 겸 전통주 주점 운곡도가

울산 태화강 국가정원 끝자락에 있는 중구 다운동 한적한 골목 어귀에 운곡도가가 있다. '구름이 끼는 골짜기'라는 의미를 지닌 다운동의 옛 지명 운곡마을에서 따 이름을 지었다. 그리고 구름 낀 골짜기 위에 앉아 있는 토끼 한 마리. 운곡도가의 탁주 '토끼구름'의 라벨 그림이다. 몽글몽글한 분홍빛 구름과 새하얀 토끼, 반짝이는 펄을 덧입힌 어여쁜 토끼구름 라벨은 많은 전통주 사이에서 특별한 존재감을 뽐낸다. 운곡도가는 울산 유일의 전통주 주점으로 이곳에서 제조한 막걸리는 물론 지역 특산 막걸리와 프리미엄 막걸리·약주·소주 등 다양한 전통주를 만날 수 있다. 처음 만든 제품은 가양주 양조법을 기반으로 한 삼양주 '황감찰'로 도수가 높고 진하면서도 담백한 맛이 특징이다. 울산 울주군 고헌산 자락 차리마을에서 재배한 햅쌀과 햇찹쌀로 정성껏 빚고 여기에 참당귀 뿌리, 생강, 곰솔 잎 등을 더해 약재 특유의 감칠맛까지 느낄 수 있다. 황감찰은 막걸리에 익숙한 손님들에겐 반응이 좋지만, 막걸리가 낯설거나 접해보지 않은 이들에게는 진입 장벽이 높은 술이었다. 대중의 취향에 맞는 술을 고심하던 운곡도가는 새로운 막걸리 토끼구름을 개발했다. 새하얀 토끼구름을 한 모금 마시는 순간 달큼한 솜사탕 맛 구름이 입안을 가득 채우고 향긋한 배 향과 멜론 향이 맴돌다가 바닐라 향으로 마무리된다. 소비자들의 반응도 뜨겁다. 도수도 6.8도로 높지 않고 입에 물리는 인공적인 단맛이 아니어서 한 병을 마시면 두 병, 세 병 계속 마시게 된다. 가볍게 즐길 수 있는 막걸리를 찾던 사람들의 취향에 딱 들어맞

3

1 전통 양조법을 기반으로 한 탁주가 발효 중이다.
2 삼양주를 재해석한 운곡도가의 '토끼구름막걸리'.
3 울산 중구 다운동에 위치한 운곡도가는 자그마한 막걸리 주점도 함께 운영한다.

는 토끼구름에 대한 수요가 급상승하면서 운곡도가 한편에 자리한 16.5㎡(5평) 남짓한 양조실과 숙성실은 더 바빠졌다. 가볍게 마실 수 있는 토끼구름이지만 만드는 정성은 결코 가볍지 않다. 전통주는 발효 횟수에 따라 단양주·이양주·삼양주·사양주·오양주로 분류하는데, 토끼구름은 다섯 번 발효한 오양주에 속한다. 오양주는 재료가 많이 들어가고 술이 완성되기까지 오랜 시간과 정성을 들여야 한다. 제조량을 늘리는 데 한계가 있는 이유이기도 하다. 발효 기간만 한 달 가까이 걸리다 보니 숙성실은 늘 포화 상태다.

귀한 벗과 '지란지교' 한 잔

2016년, 전통주 시장에 일대 파란이 일었다. 술을 빚은 지 1년밖에 되지 않은 이가 '대한민국명주대상'에서 대상을 수상한 까닭이다. 그 주인공은 지란지교 양조장의 임숙주 대표. 전북 순창에서 구전되는 가양주 비법과 전통 누룩을 이용해 그가 담근 술이 대상을 차지했다. 수상 이후 한국전통주연구소 소장은 양조장이 있는 전북 순창군 순창읍으로 내려와 곳곳을 면밀히 둘러봤다. 임 대표는 "지금 생각해보면 우리가 직접 술을 빚은 게 맞는지 확인하러 오신 것 같아요"라고 말하며 웃음을 터트린다. 연구소장은 임 대표와 아내 김수산나 씨가 다정하게 술을 빚는 모습을 보고, 부부가 친구처럼 격의 없고 정답게 지내니 마치 지초와 난초의 향기로운 사귐과 같다며 사자성어 '지란지교(芝蘭之交)'를 상품명으로 추천했다. 그렇게 친구 같은 부부의 술, 지란지교가 탄생했다.

'지란지교'는 순창 전통의 백일주 방식으로 술을 빚는다. 순창에서 나는 멥쌀과 찹쌀, 직접 만든 전통 누룩과 지하 791m에서 뽑아 올리는 천연 암반수를 사용하는데, 이때 100일 동안 발효하고 90일 동안 숙성 과정을 거친다. 술이 완성되기까지 걸리는 기간은 대략 6개월. 김수산나 씨는 "술을 빚는 건 기다림과 기대감의 연속"이라며 긴 기다림 후 완성된 술을 마시면 모든 인고의 시간이 상쇄되는 맛을 느낄 수 있다고 한다. 전통 누룩을 쓴 지란지교는 단맛, 신맛, 쓴맛에 떫은맛과 향까지 오감을 자극한다. 또한 충분히 숙성하는 덕분에 13도라는 높은 알코올 도수가 느껴지지 않을 만큼 부드럽다. 지란지교는 약주 잔에 마셨을 때 그 맛이 더욱 살아난다. "술을 들이켜는 데 급급할 게 아니라 우리 술의 향과 맛을 오롯이 느꼈으면 좋겠어요. 약주 잔에 따라서 조금씩 천천히 마시면 술이 몸을 존중해줘요. 무례하지 않게 취기가 올랐다가 어느새 사라지고 숙취도 남지 않아요." 지란지교는 천천히 음미

1

2

1 190일간 발효와 숙성을 거쳐 탄생하는 막걸리 '지란지교'.
2 지란지교 양조장 임숙주·김수산나 대표와 반려견 꼬미.

하고 즐길 때 그 가치가 빛나는 술이라고 부부는 강조한다.

직접 재배한 무화과로 담근 무화과 탁주

지란지교 탁주에 이어 '무화과 탁주'도 만들었다. 부부가 직접 재배한 무화과로 청을 만들어 탁주에 아낌없이 넣는다. "무화과에 단백질 분해에 탁월한 효소가 들어 있어요. 그래서 무화과를 넣으면 은은하게 향도 나고 자연스러운 단맛도 도는 천하의 명주가 나오겠다 싶었죠. 다만 무화과의 함량을 정하는 게 난제라 아내랑 매일 공부했어요." 임 대표는 무화과 탁주를 완성하기까지 거친 시행착오를 떠올리는 듯 이렇게 말했다. 무화과 양이 조금만 넘쳐도 발효 과정에서 식초가 되기 일쑤였다. 무화과의 껍질은 붉지만 속살은 그렇지 않아 붉은색을 내는 방법도 함께 연구했다. 포기하지 않고 2년 동안 시험한 끝에 무화과와 탁주의 황금 비율을 찾았고, 자연스러운 붉은 빛깔을 내기 위해 비트를 첨가했다. 그렇게 무화과의 은은한 향과 맛을 살린 무화과 탁주가 완성됐다.

3

3 프리미엄 약주·탁주와 무화과 탁주.
4 임숙주 대표는 직접 만든 전통 누룩으로 술을 빚는다.

5

문화인의 마음을 담은 제조 일지

"저는 장인이 아니라 문화인으로 남고 싶어요. 장인이 자신만의 비법을 고이 간직한 채로 작품을 만든다면, 문화인은 불특정 다수와 그 비법을 공유한다고 생각해요. 지란지교의 제조법을 공유해서 순창 백일주의 문화를 전파하고 싶어요." 임 대표의 다짐은 그가 술을 빚기 시작한 이래로 거르지 않고 적은 제조 일지에도 잘 드러난다. 그날의 기후, 온도, 습도는 물론이고 제조 과정, 술맛 그리고 기분까지도 상세히 적혀 있다. 태풍이나 폭설이 닥쳤을 때나 제조 과정에서 변수가 생겼을 때 어떻게 대처했는지, 술을 만드는 사람의 기분이 술에 어떤 영향을 끼쳤는지 등 지란지교를 만들기 위한 모든 과정이 그 안에 담겨 있다. 본인이 순창 백일주를 복원하려고 애쓸 당시, 아무런 문헌이 남아 있지 않아 고전했기에 후대에 물려줄 마음으로 적기 시작한 일지다. "전통주 문화가 확산되는 과정에서 제가 쓴 제조 일지가 누구에게든 유용하게 쓰인다면 그걸로 제 소임은 다하는 것이죠." 임 대표는 오늘도 성실히 일지를 적어나간다.

5 순창에 위치한 지란지교 양조장.
6 소담한 마당 풍경이 그윽한 정취를 더하는 지란지교 양조장.

북위 35.5 전북 순창

달 아래 홀로 술잔을 기울이며 '비틀'

전북 순창군 섬진강 물줄기를 따라 고즈넉하게 자리 잡은 한옥 터. '초연당'이라는 간판이 걸린 이곳은 백제시대 건축양식으로 지은 문화재급 한옥 숙소다. 이곳의 한옥여러 채 중 한 곳에 자리한 비틀도가. 8년 전, 건강이 악화된 비틀도가의 이종동 대표는 연고도 없는 순창으로 귀농했고, 고추장 사업을 크게 하던 초연당 대표와 인연이 닿아이곳에 둥지를 틀었다. 순창은 지명을 듣는 순간 바로 고추장을 떠올릴 만큼 대표적인 발효의 고장이다. 섬진강을 끼고 있는 분지 지역이라 연중 기온 편차가 적고 일조량이 풍부한 반면 습한 기후를 갖춰 장류 발효에 최적의 조건을 지닌 까닭이다. 일제강점기에 순창 건곡마을에 누룩 공장이 있었을 만큼 발효에 일가견이 있는 도시다. 이 대표가 건강을 회복한 후 처음 관심을 갖게 된 건 술이 아닌 발효 장이었고, 곧이어 순창 전통 고추장 민속마을에서 각종 장 제조법과 발효 기술을 배우기 시작했다. 메주와 누룩, 곰팡이에 대해 공부하며 순창의 전통 발효 노하우를 익혔고, 자연스레 전통주로 관심이 이어졌다. 집에서 술을 빚는 날이 늘어가기 시작했다. "처음에 집에서 술을 빚을 땐 항아리 주변을 상자로 둘러싸 단열재 역할을 하게 했어요. 그랬더니 오염이 잦고, 온도 조절도 어려울뿐더러 발효 속도를 종잡을 수 없더라고요. 설비를 제대로 갖추고 나니 확실히 술 빚는 즐거움이 커졌죠." 이 대표는 초연당에 자리 잡은 후 전통주 개발에 박차를 가하기 시작했다.

꽃 사이에서 놓인 술 한 단지, 아는 사람 없이 홀로 마신다. 잔을 들어 달을 청하니, 그림자까지 세 사람이 되네. (중략) 듣자 하니 청주는 성인에 비견할 만하고, 또한 탁주는 현자와 같다 하네.

—이백 '월하독작(月下獨酌)' 중

이종동 대표는 양조장 한쪽에 쓰여 있는 이백의 '월하독작'을 가리키며 무엇과도 비견할 수 없는 즐거움을 가져다주는 술에 대해 이야기한다. 비틀도가를 대표하는 술 '비틀'은 두 번 빚는 이양주 방식으로 빚어 낮은 온도에서 평균 석 달 동안 오래 발효시킨다. 그리고 한 달 정도 숙성 기간을 거치면 시큼털털하면서도 새콤달콤한 비틀 탁주를 만날 수 있다. 이렇게 완성된 비틀을 한 모금 마시면 입맛을 돋우는 기분 좋은 산미가 입안에 퍼진다. 알코올 도수가 10도임에도 목넘김이 부드러운 걸 보니, 취하는 줄 모르고 계속 마시고 비틀거리기에 좋은 술이다. "술은 감정의 증폭제잖아요. 슬픔이든 기쁨이든 술을 마시고 빵 터뜨려서 표출하게 하죠. 이왕이면 술을 잘 마시고, 기분 좋게 비틀거렸으면 좋겠다는 의미죠." 비틀이란 이름 뒤에 술 주(酒) 한 글자만 덧붙이면 '비틀주'가 되고, 이는 영국의 유명 밴드 '비틀스'를 연상하게 하니 술맛도 이름도 세계 최고를 지향하는 바다. 언젠가 영국의 브릿팝을 대표하는 비틀스처럼 비틀이 한국의 한주를 대표하는 날이 오지 않을까 기대해본다.

1 백제시대 건축양식으로 지은 비틀도가의 기지 '초연당'.
2 비틀도가의 대표 탁주 '비틀'.

1
2

북위 35.5 전남 곡성

토란을 싫어해도 마실 수 있는
토란 막걸리

1

토란은 호불호가 갈리는 식재료다. 특유의 끈끈한 식감을 꺼리는 이들이 많기 때문이다. 그런데 이 까다로운 재료로 막걸리를 빚는 곳이 있다. 바로 향기를 베푸는 집, 시향가다. 양숙희 대표는 토란이 가진 단점을 없애고 몸에 이로운 성분을 간직한 향긋한 막걸리를 만들어냈다. 이 해피엔드에 이르기까지 끊임없이 연구하고 많은 노력을 기울였다. 토란 공부부터 시작했다. 토란을 재배한 농민들의 영농 일지부터 고서까지 토란에 대한 모든 것을 조사했다. 토란은 파고들수록 우리 몸에 이로운 식재료였다. 암 예방에 효능이 있고, 식이섬유와 칼륨이 풍부해 고혈압 예방에도 도움이 된다. 문제는 가공법이었다. 토란을 좋아하지 않는 사람도 마실 수 있는 막걸리를 만들려면 그 걸쭉한 식감을 없애는 것이 핵심이었다. 이때부터 끊임없는 연구와 실험이 시작됐다. 토란을 삶아보고, 말려도 보고, 찌고, 튀기고, 가루로

2

1 여성 소비자를 겨냥해 500mL 유리병에 시향가 막걸리를 담아 출시했다.
2 토란 막걸리를 개발한 양숙희 시향가 대표.

3

넣어보고 블록 모양으로도 넣어보고…. 수많은 시행착오를 거친 끝에 마침내 특별한 비법을 발견했다. 토란을 수확해 껍질을 벗겨 쌀뜨물에 담근 뒤 얇게 썰어 동결건조한다. 이를 지에밥에 넣고 쪄 15일간 숙성한 뒤 조선시대 왕실에서 한복을 만들 때 쓰던 고급 천으로 만든 촘촘한 망에 넣고 술을 담근다. 이렇게 하면 토란의 좋은 성분은 그대로 남으면서도 끈끈한 느낌과 아린 맛이 사라진다. 발효 과정을 거치기 때문에 토란에 알레르기가 있는 사람도 문제없이 마실 수 있다. 발효된 술은 싱그러운 청포도 향을 풍긴다. 양 대표는 시향가 막걸리의 맛을 '한국 전통의 나물 맛'이라고 표현한다. 고소하면서도 담백한 맛을 느낄 수 있다는 것이다. 목으로 넘긴 다음에도 텁텁한 느낌 없이 입안이 개운하고 청량감이 감돈다.

4

3 다채로운 캔 포장으로 시중에 선보이고 있는 시향가의 탁주.
4 시향가에서는 다양한 아이디어를 바탕으로 정성을 들여 신제품을 개발한다.

3대의 정성을 담아 술 빚는
순진도가

순진도가라는 이름을 들으면 '순진하다'라는 단어를 연상하기 쉽지만, 사실 순진도가는 박미화 대표의 시할머니 '순이', 시어머니 '순자', 아들 '진만'의 머리글자를 따 지은 이름이다. 처음엔 박 대표와 남편이 함께 술을 빚었지만, 지금은 남편이 다대포 몰운대에 있는 노포 '할매집' 운영에 집중하고, 박 대표가 순진도가에서 전적으로 술을 빚는다. "어릴 때 제가 막걸리를 빚게 될 거라고 상상도 못 했어요. 결혼하고 처음으로 막걸리를 빚게 된 거죠. 어머니가 쌀은 이만치, 누룩이랑 물은 이만치 이래 이래 넣으라고 하시면 그대로 했어요. 소질이 있는지 맛있게 되더라고요." 그렇게 막걸리를 빚은 지 어언 10년. 아이가 자라고 여유 시간이 생긴 박 대표는 본격적인 막걸리 공부를 위해 막걸리 학교에 들어갔다. "처음으로 이론 수업을 듣는 데 재미있었어요. 공부를 하니까 모르고 만들던 게 하나씩 다 눈에 들어오는 거죠. 이런 원리로 발효가 되고 막걸리가 만들어지는구나, 신기하면서도 내가 그동안 막걸리를 틀린 방식으로 만들지 않았다는 생각에 신이 났어요." 풍부한 실습 경력에 이론까지 갖추니 자신만의 막걸리 레시피 개발에 속도가 붙었다.

1

1 부산 다대포 몰운대에서 박미화 대표 가족이 운영 중인 노포 '할매집'.
2 딸기와 찹쌀을 넣어 빚은 막걸리 '순진탁주'.

3

4

딸기를 듬뿍 넣은 순진탁주 딸기

할매집에서 멀리 떨어지지 않은 상가 건물에 순진도가를 차리고, 할매집 막걸리 레시피에 이것저것 변형을 가하기 시작했다. 귤, 블루베리, 한약재 등 다양한 재료를 첨가해 테스트한 끝에 선택한 재료는 바로 딸기. 은은한 딸기 향과 새콤달콤한 맛이 가미되니 술을 잘 마시지 못하는 박 대표의 입맛에도 잘 맞았다. 하지만 딸기 함량을 최대 20%까지 꽉 채워 넣어도 색이 잘 나지 않는 게 못내 아쉬웠다. 고민 끝에 홍국쌀을 섞어 빚으니 은은하게 붉은빛을 띠는 '순진탁주 딸기'가 완성됐다. 딸기를 한 번에 다 넣지 않고, 일주일의 숙성 과정 동안 세 번에 나누어 넣는 것도 시행착오 끝에 터득한 비법이다. 둥둥 떠 있는 딸기씨는 순진탁주 딸기의 매력 포인트. "제가 일일이 다 손으로 딸기를 체에 받쳐 거르거든요. 제성기를 쓰면 딸기씨도 다 갈려서 이렇게 보존되지 않을 거예요. 힘은 드는데 이 맛에 손으로 만드는 걸 선호해요."

3 박미화 순진도가 대표.
4 순진도가는 박 대표가 3대째 시댁의 가양주를 잇는 데서 시작됐다.
5 연구와 개발을 위한 메모가 양조장 벽면 가득 적혀 있다.
6 할머니의 할머니로부터 이어진 손맛.

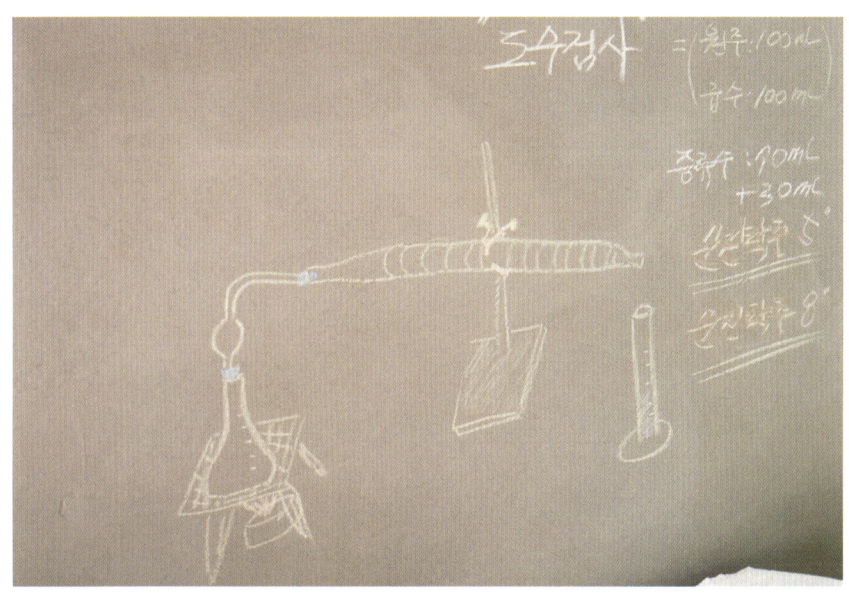

5
6

7

8

근면과 성실을 원동력 삼아

지금은 큰 인기를 누리지만 순진탁주 딸기를 출시한 직후엔 반응이 미적지근했다. 하루에 10병 팔기도 힘들었다. 낙심한 박 대표에게 남편은 큰 힘이 됐다.

"맛이 있으니까 판매량에 상관없이 1년은 꾸준히 만들어보라고 하더라고요. 제가 성실한 건 자신 있거든요. 사실 납품처를 한 곳 뚫기도 힘든데, 순진도가는 확실한 납품처인 할매집이 있잖아요. 그거 믿고 계속 만들었어요."

순진탁주 딸기는 알음알음 소문이 나면서 지금은 하루에 최소 60병은 거뜬히 팔려나간다. 더불어 납품처도 늘어나고, 플리마켓에 참여해도 늘 마감 시간을 한참 앞두고 품절된다. 인기는 나날이 높아지는데 기계도 없이 혼자서 하다 보니 매일 술을 담가도 물량이 부족하다.

"아무리 손으로 꽉꽉 눌러도 마지막에 술지게미가 남는 걸 보면 흥건하더라고요. 그럴 땐 기계가 있었으면 하는데, 그래도 이렇게 손으로 하는 게 더 좋긴 해요. 2022년에 좀 더 넓은 곳으로 양조장을 옮기면 주입 기계처럼 손을 거들 수 있는 기계들을 구비하려고요. 그럼 온라인 스토어도 운영하고, 좀 더 안정적으로 막걸리를 공급할 수 있을 것 같아요."

7 딸기를 20% 함유한 딸기 맛의 '순진탁주 딸기'.
8 제조장 한편에 놓인 재료들.

북위 35.5 부산 북구

세 친구가 함께
꿈을 그리는 양조장
벗드림

'볼빨간막걸리'는 100% 찹쌀로 빚어 감칠맛이 뛰어나다. 찹쌀 고두밥을 지어 누룩과 열심히 치대어 밑술을 만들고 3일 정도 발효한다. 이후 찹쌀 고두밥을 지어 덧술 한 뒤 3주 이상 발효를 해서 완성한다. 찹쌀로만 술을 빚으면 단맛이 도드라지기 때문에 보통은 멥쌀과 찹쌀을 섞거나 멥쌀만으로 빚는데, 볼빨간막걸리는 찹쌀만 쓰는 데도 단맛이 과히 강하지 않다. 이는 누룩과 찹쌀의 합이 잘 맞기 때문이다. 벗드림 양조장에서 사용하는 누룩은 블렌딩 원두처럼 현재 시판되는 전통 누룩을 원하는 비율로 여럿 섞어서 사용한다. "검증받은 시판 누룩 중 벗드림이 추구하는 맛에 가장 어울리는 누룩 비율을 찾기 위해서 2년 가까이 정성을 기울였어요. 결국 최상의 조합을 찾았고, 그 덕분에 시트러스 향과 플로럴 향의 풍미가 가득한 볼빨간막걸리가 완성됐습니다." 벗드림에서 추구하는 맛은 '볼빨간막걸리 10'이지만, 대중성을 고려해 도수가 낮은 '볼빨간막걸리 7'까지 두 종류를 생산하고 있다.

1

1 벗드림은 막걸리를 이용해 다양한 아이디어 상품을 선보이고 있다.
2 누룩과 찹쌀을 이상적으로 배합해 시트러스 향과 플로럴 향이 풍부한 '볼빨간막걸리'.

벗드림 양조장의 최종 목표는 발효 전문 기업이다. 막걸리뿐 아니라 막걸리를 바탕으로 다양한 아이디어 상품을 개발해 막걸리 잼과 막걸리 천연 비누를 만든다. 막걸리 잼은 볼빨간막걸리와 생크림을 섞어 만든 것으로 잼을 만드는 과정에서 알코올이 휘발되고, 찹쌀의 고소한 맛과 풍미는 배가됐다. 크림치즈처럼 스낵이나 빵에 발라 먹으면 그 맛을 오롯이 즐길 수 있다. 양조장 한편에 쌓여 있는 막걸리 천연 비누는 처음에 막걸리를 거르고 남은 술지게미를 재활용하는 차원에서 만들다가 지금은 원료를 막걸리 자체로 변경해 볼빨간막걸리에 식물성 오일을 넣고 8주 이상 숙성시켜 만든다. 쌀뜨물이 피부에 좋듯이 찹쌀을 풍부하게 함유한 막걸리 천연 비누는 미백과 각질 제거에 효과가 탁월하다. 김성욱 대표는 "양조장으로 시작했지만 잼과 비누처럼 막걸리 효모를 이용한 미용 제품, 반려동물 관련 제품까지 생산하는 복합 발효 전문 기업으로 성장하는 게 목표"라며 벗드림의 미래를 그리고 있다.

3

4

5

3 벗드림은 복합 발효 전문 기업으로 발돋움하기 위해 막걸리 이외에 여러 상품을 개발한다.
4 막걸리 천연 비누는 식물성 오일과 함께 8주 이상 숙성된다.
5 막걸리를 담기 전 병을 멸균 소독한다.

북위 35.5 경남 진주

막걸리 대서사의 시작
진주곡자공업

막걸리 양조장을 취재하는 동안 가장 많이 나온 이야기 주제는 단연 '누룩'이다. 누룩은 쌀과 물 이외에 기본 막걸리를 만드는 데 유일하게 들어가는 재료이며, 한국 전통주 발효의 원천이기도 하다. 특히나 이곳 진주곡자공업은 3대가 대를 이어 운영하는 국내 최대 누룩 생산소로 전국 수많은 양조장과 함께 전통주의 흐름을 이어가고 있다. 이진형 대표는 한국 전통주의 과거와 현재를 너머 앞으로도 함께하고 싶다는 뜻을 비치는 한편, 진주곡자공업의 누룩을 사용하는 양조장에도 감사를 전했다. 막걸리의 시작이자 이번 기행의 마지막 목적지 진주곡자공업 이야기다.

진주곡자공업은 1974년 한국곡자 진주영업소가 문을 닫으며 지금의 이름으로 바꿨다. 한국곡자 당시에는 이진형 현 대표의 외조부가 운영했으며, 이후 이 대표의 아버지가 진주곡자로 이름을 변경해 가업을 이었다. 이진형 대표가 어릴 때부터 이곳에서 뛰어놀며 자란 탓에 곳곳에 그의 어린 시절 추억이 깃들어 있다. "제가 두 살 때부터 외할아버지를 이어 아버지가 이곳 일을 도맡아 하셨어요. 지금 직원들이 쓰는 휴식 공간이 예전엔 저희 살림집이었고요. 저건 제가 놀던 농구대 자국이에요." 그는 어릴 때부터 형제들에게 크면 자신이 곡자를 이을 거라고 우스갯소리를 자주 했다고 한다. 그

진주곡자공업에는 30여 개의 누룩방이 있다.

1

러나 한때는 누룩이 아닌 다른 것에 흥미를 가졌었다. "대학에서 마케팅을 전공하고 회사에 오래 다녔어요. 그런데 시대가 점점 변하면서 아버지가 곡자 운영을 버거워하신다는 걸 알아차렸죠. 정부 관련 부처에서는 업무 환경 개선을 요구했고, 모든 서류가 시스템화되면서 누군가의 도움이 필요했어요." 결국 이 대표는 2002년경 곡자에 들어와 변화의 바람을 도모했다. 아버지가 이룩하고자 했던 자동화를 현실화해 연탄보일러 대신 자동 온도 조절 장치를 갖췄으며 안전과 위생, 제품 균일화에 열을 올렸다.

균일한 누룩을 만드는 일

현재 진주곡자공업에는 수입 밀, 우리 밀, 앉은뱅이밀로 만든 세 종류의 누룩이 30여 개의 누룩방에서 균일한 시스템을 거쳐 연간 70여 톤의 누룩으로 제조되고 있다. 이 대표는 누룩방을 열어 보이며 누룩 생성과 관리 등 40일 이상 걸리는 누룩 제조 과정을 하나하나 일러주었다. "국실 안 누룩을 말리는 나무 선반은 오래전부터 쓰던 것들을 잘라 붙였어요. 곰팡이균이 잘 자라는 나무라서 이것만큼은 옛것을 그대로 써야 했죠. 누룩이 완성되면 국실 전체를 청소해요.

2 3

1 발효를 마친 누룩은 잡내가 없고 뽀얗다.
2 진주곡자공업에서는 매년 70여 톤의 누룩을 생산한다.
3 진주곡자공업은 현재 수입 밀, 우리 밀, 앉은뱅이밀로 누룩을 제조하고 있으며, 앞으로도 다양한 누룩 라인을 선보일 예정이다.

4

며칠간 바짝 말려 살균하고요. 그래야 또 좋은 누룩이 나올 수 있어요." 진주곡자공업이 추구하는 좋은 누룩은 뽀얀 색을 띠고 잡내가 없으며 그냥 먹어도 고소한 누룩이다. 이 대표는 누룩 하나를 반으로 갈라 맛을 보더니 내게도 권했다. 냄새가 없고, 씹을수록 고소한 맛이 올라왔다. 누룩 제조 공정에 이만한 시스템을 갖추기까지 그가 기울였을 엄청난 노력이 엿보였지만, 그는 자신은 그저 선대의 발자취를 따라왔을 뿐이라고 겸양의 태도를 보였다.

스마트 팩토리와 제품의 다양화
이 대표는 20여 년 전 곡자에 큰 변화가 있었던 것처럼 내년에는 다시 한번 변화의 움직임이 필요하다며 말을 이었다. "지금보다 더 똑똑한 시스템이 요구되는 사회예요. 그래서 저희 곡자도 스마트 팩토리로 전환할 필요가 있다고 봐요.

더불어 양조장과 일반 소비자로 나누어 제품 라인을 이원화하고 신제품 프리미엄 누룩을 개발할 계획이에요. 많은 양조장에서 열심히 술을 빚듯, 여기서도 열심히 누룩을 빚어야죠. 그래야 우리 전통주가 살아날 테니까요." 야심 찬 그의 말이 결코 허언으로 들리지 않았다. 인터뷰를 마치며 이 대표에게 전국의 양조장을 취재하는 동안 진주곡자공업에 전해달라던 양조장 사장님들의 감사 인사를 대신 전했다. 그러자 그가 갑자기 눈물을 보였다. 그러고는 많은 양조장에 진심으로 화답했다. "제가 감사하죠. 모든 일이 그렇듯 여기 일도 쉽지 않아요. 그럼에도 이렇게 감사 인사를 받으니 숱한 일들이 머릿속을 스치면서 괜스레 눈물이 나네요. 제가 이렇게 열심히 일을 하는 데에는 많은 이유가 있지만, 저희 누룩을 써주시는 분들을 위해서라도 앞으로 더 성의껏 일하겠습니다."

5

4 3대가 대를 이어 누룩을 빚는 진주곡자공업.
5 이진형 진주곡자공업 대표가 옛 모습 그대로인 연구소 한편에서 포즈를 취했다.

K-술, 요즘 막걸리
찾아가는 막걸리 양조장 18

한 번도 안 마셔본 사람은 있어도 한 번만 마셔본 사람은 없다. K-술을 맛본 사람은 여지없이 그 술맛을 못 잊어 다시 찾게 마련이다. 고문헌에서 찾은 방법으로 술을 빚거나 자신만의 창의적인 기법을 더해 술을 빚는 양조장도 있다. 우리 술에 대한 올곧은 철학과 열정으로 술을 빚는 사람들이 찾아가는 양조장의 주인공이다. 찾아가는 양조장은 농림축산식품부와 한국농수산식품유통공사가 양조장의 환경 개선, 품질관리, 체험 프로그램 개선, 홍보 등을 종합적으로 지원해 체험과 관광이 결합된 지역 명소로 육성하는 사업이다. 지자체의 심사를 거쳐 추천받은 양조장을 대상으로 역사성, 지역사회와의 연계성, 관광 요소, 경영자의 의지 등을 종합적으로 평가해 선정한다. 2021년 4곳을 새로 선정해 모두 46군데가 됐다. 이 가운데 막걸리를 빚는 18곳을 소개한다.

(주)우리술

1928년 창업한 조종양조장을 계승한다. 우리술 양조장은 현재 세계 30여 개국에 막걸리를 수출하는 기업으로 성장했다. 대표 제품인 가평잣막걸리는 2018년 청와대 공식 만찬주로 선정돼 화제가 된 바 있다. 저온 숙성을 해 맛이 깊고, 완전 발효해 흔들어도 넘치지 않는 것이 특징이다. 캔 막걸리와 탄산이 든 막걸리 등 획기적인 제품으로 주목받는 우리술은 알밤, 옥수수, 감귤 등을 가미한 40여 종의 다양한 막걸리를 선보이고 있다.

경기 가평군 조종면 대보간선로 29
031-585-8525 www.woorisool.kr

(주)배상면주가

국순당을 창업해 약주 시장을 이끌었던 아버지 '배상면'의 이름을 걸고 술을 빚는다. 1996년 배상면주가를 설립한 배영호 대표는 처음 3년간 전통술박물관 관장 노릇을 자청했다. 도심과 마을 안에서 즐길 수 있는 양조 문화를 선도하는 배상면주가는 오롯이 우리 술을 알아가고, 즐겁게 시음할 수 있는 쾌적한 환경을 갖췄다. 다품종 소량 생산을 표방하며, 대중적으로 잘 알려진 느린마을 막걸리, 약주 산사춘, 증류주 아락을 포함해 냉이주, 매실주, 국화주 등 계절주를 출시하고 있다.

경기 포천시 화현면 화동로432번길 25
031-531-9300 soolsool.co.kr

배혜정도가

2001년 알코올 도수 16도의 부자 원주를 출시한 배혜정도가는 막걸리의 고급화와 차별화 전략에 힘썼다. 도수 높은 막걸리를 유리병에 담아 수출 주력 상품으로 만들어낸 것. 전 상품은 국산 햅쌀로만 주조하며, 자체 개발한 개량 누룩을 사용한다. 양조장 1층에는 시음 카페가 있고, 2층에서는 강의와 체험 프로그램 등을 진행한다. 부자 시리즈는 알코올 도수 10·13·16도로 출시하며, 쌀·배·사과·포도 등을 원료로 한 증류주인 로아 시리즈도 선보이고 있다.

경기 화성시 정남면 서봉로 835
031-354-9376 www.baedoga.co.kr

(주)좋은술

좋은술은 전통적인 양조 기법을 재해석해 원료를 다섯 번에 나눠 넣는 오양주로 잘 알려져 있다. 오양주 천비향 생주, 3개월간 발효해 3개월간 숙성시킨 천비향 약주, 천비향 약주를 증류한 천비향 화주 등이 대표적이다. 청와대 만찬주이자 아세안(ASEAN) 정상회담 만찬주로 선정된 천비향은 2018년과 2020년에 대한민국 우리술 품평회 약주 부문 대상을 수상하며 다시 한 번 저력을 인정받았다. 전통 누룩을 사용하며, 첨가물 없이 곡물의 순수한 발효 향과 맛을 추구한다.

경기 평택시 오성면 숙성뜰길 108
031-681-8929 jsul.modoo.at

(주)국순당

1970년에 설립된 한국미생물공업연구소가 국순당의 전신이다. 우리나라에 약주 붐을 일으킨 국순당의 백세주는 구기자·인삼·산수유 등 한약재를 첨가하고 특허 기술인 생쌀발효법으로 완성했다. 발효 제어 기술로 유통기간을 30일로 늘린 생막걸리부터 1000억 유산균 막걸리, 대박, 우국생, 옛날막걸리 古, 국순당 쌀막걸리, 국순당 쌀 바나나 막걸리, 복원주인 이화주 등 국순당을 대표하는 상품들은 일일이 열거하기 어려울 정도. 국순당 횡성양조장을 찾아가 우리 술의 역사, 그 맛과 멋에 흠뻑 빠져드는 시간을 가져보자.

강원 횡성군 둔내면 강변로 975
080-0035-100   www.ksdb.co.kr

(주)양촌양조

일제강점기인 1931년에 설립한 양촌양조는 이동중 대표가 3대째 명맥을 잇고 있다. 서까래와 대들보가 있는 한옥 구조의 건물로 발효실은 계절의 변화에도 늘 서늘한 온도를 유지할 수 있도록 반지하에 조성했다. 2016년 무농약 햅쌀로 만든 우렁이쌀 손막걸리를 출시했고, 이듬해에는 국립농업과학원과 기술협력으로 양촌 우렁이쌀 청주가 탄생했다. 젊은 층에도 인기인 양촌양조 제품은 2014년 막걸리 업계 최초로 세계 3대 디자인 공모전인 레드닷 디자인상(Red Dot Design Award)에서 수상하기도 했다.

충남 논산시 양촌면 매죽헌로1665번길 14-7
041-741-2011   www.yangchon.co.kr

중원당

중원당은 1993년 충청북도 무형문화재 제2호로 지정된 청명주를 주조한다. 김영섭 대표는 아버지의 뒤를 이어 중원 청명주 기능 보유자로 인정받았다. 조선시대 문인 이익은 〈성호사설〉에서 "나는 평생 청명주를 가장 좋아하며, 양조 방법을 혹시나 잊어버릴까 두려워 기록해둔다"라고 했다. 청명주는 지역 찹쌀인 노은찹쌀에 누룩과 물만 더해 빚어 약 5개월간 숙성시킨다. 2018년에는 청명주 약주, 2019년에는 탁주가 대한민국주류대상에서 대상을 거머쥐었다.

📍 충북 충주시 중앙탑면 청금로 112-10
📞 043-842-5005   🌐 www.청명주.com

대강양조장

2013년 '찾아가는 양조장'은 전국에 딱 두 곳이었다. 충북의 대강양조장과 충남의 신평양조장이다. 대강양조장은 우리 술의 역사와 문화를 두루 체험할 수 있는 곳으로, 예전에 아버지 심부름으로 술을 받으러 다니던 시골 양조장의 모습을 잘 간직하고 있다. 양조장이 있는 대강면 장림리는 오래전부터 충청과 영남을 잇는 중요한 길목으로 주막거리로 유명했다. 대강양조장은 부드럽고 고소한 검은콩막걸리를 업계 최초로 개발했다. 공기 좋은 소백산 자락에서 직접 재배한 복분자, 아로니아를 활용한 과일 막걸리도 매력적이다.

📍 충북 단양군 대강면 대강로 60
📞 043-422-0077   🌐 www.krwine.com

조은술 세종(주)

조은술 세종이라는 사명은 세종대왕의 이름에서 따왔다. 세종대왕은 신병 치료차 초정약수를 두 번 방문해 117일 동안 머물렀다고 한다. 2015년 유기농 우리 쌀과 토종 효모로 만든 증류식 소주 이도는 2016년 대한민국 우리술 품평회에서 증류주 부문 대상을 받았다. 이도는 세종대왕의 이름이기도 하다. 조은술 세종은 다품종 소량 생산으로 이천 임금님표 쌀막걸리, 민들레막걸리, 우도땅콩막걸리 등 지역 특산물을 활용한 상품을 선보이고 있다.

- 충북 청주시 청원구 사천로18번길 5-2
- 043-218-7688 sejongricewine.modoo.at

장희도가

청주 초정리는 세종대왕이 안질을 치료하기 위해 머문 고장으로 광천수가 특히 유명하다. 2019년 대한민국 우리술 품평회에서 약청주 부문 대상과 최고상인 대통령상을 받은 장희도가는 세종대왕과 인연이 깊은 술을 생산한다. 세종부터 세조대에 걸쳐 의관을 지낸 전순의가 기술한 〈산가요록〉과 주방문에 '벽향주' 양조법이 등장하는데 이를 복원한 술이 세종대왕어주다. 은근한 푸른빛이 도는 약주로 우아한 기품이 느껴진다. 세종대왕어주는 쌀, 누룩, 물로만 만들지만 과일 향과 꽃향이 나고, 신맛과 단맛의 조화가 뛰어나다.

- 충북 청주시 청원구 내수읍 미원초정로 1275
- 010-4741-6568 smartstore.naver.com/izoa

이원양조장

이원양조장에 들어서면 새로운 섬에 발을 들인 것처럼 좀 전까지 있던 세계와 단절되는 묘한 기분에 사로잡힌다. 건물만 992㎡(300평), 부지가 6612㎡(2000평)로 구석구석이 살아 있는 박물관 같다. 1930년에 창업한 이원양조장은 창업주의 증손자인 강현준 대표가 4대째 명맥을 잇고 있다. 옥천 출신인 정지용 시인의 작품 제목을 이름으로 붙인 향수는 아버지가 젊은 날 빚었던 밀막걸리를 재현한 것이다. 아버지와 아버지의 아버지가 그랬던 것처럼 지역 농산물과 직접 만든 누룩으로 우직하게 술을 빚는다.

📍 충북 옥천군 이원면 묘목로 113
📞 043-732-2117 🌐 www.iwonwine.com

울진 술도가

1930년 울진군 내화면에서 시작된 울진 술도가는 1대 홍종률, 2대 홍순영을 거쳐 3대 홍시표 대표로 이어지고 있다. 1953년에 제1공장(근남양조장)을 짓고, 2016년 홍시표 대표 주도로 661㎡(200평) 규모의 제2공장을 설립하기까지 여러 상호를 거쳐 지금의 상호를 갖게 됐다. 울진 술도가의 대표 제품인 미소생막걸리는 물 좋기로 소문난 왕피천 수계의 지하 암반수를 양조장으로 끌어올려 만든다. 푸른 동해 바다를 닮은 상쾌한 막걸리 맛은 한 번 맛보면 헤어나기 힘들다.

📍 경북 울진군 근남면 울진북로 141 마음에고향
📞 054-782-1855

은척양조장

은척양조장은 경북 상주 시내에서 북쪽으로 약 20km 떨어진 은척면 봉중리 성주봉 아래에 자리한다. 대표 제품인 은자골생탁배기는 평론가들에게 호평받아 2016년 대한민국 우리술 품평회 생막걸리 부문 대상을 받았다. 임주원 대표는 지역 유일의 전통 누룩 제조 공장이던 상주곡자가 사라지는 것이 안타까워 누룩 설비 일부를 가져오고 기술을 전수받았다. 알코올 함량이 5%에 불과하지만 비로소 음미할 수 있게 된 술맛. 은자골생탁배기의 힘은 좋은 물과 쌀, 누룩 그리고 좋은 마음에서 비롯했다.

📍 경북 상주시 은척면 봉중2길 16-9
📞 054-541-6409   🔗 takbaeki.modoo.at

복순도가

복순도가는 우리나라 프리미엄 막걸리 시장에 신선한 바람을 일으켰다. 전에 없던 935mL 용량에, 목이 긴 내압병은 복순도가의 시그니처. 탄산이 잘 균형 잡힌 샴페인 막걸리로, 병을 흔들지 않아도 뚜껑을 따는 순간, 탄산이 용솟음치며 가라앉은 앙금이 저절로 섞인다. 발효 건축을 콘셉트로 지은 검은색 양조장 건물도 매력적이다. 황토와 지푸라기를 혼합하고, 짚을 태운 재로 외벽을 칠했다. 양조장 바로 옆에는 주막이 있어 복순도가의 다채로운 멋을 느낄 수 있다.

📍 울산 울주군 상북면 향산동길 48
📞 1577-6746   🔗 www.boksoon.com

(유)금정산성토산주

우리나라 많은 막걸리 중 유일하게 향토 민속주로 지정된 대한민국 민속주 1호 막걸리. 과즙처럼 상큼한 맛, 금정산성막걸리의 술맛과 매력은 마을 사람들이 대대로 빚어온 누룩에서 비롯된다. 큰 피자의 도처럼 둥글납작하게 생긴 모습이 다른 지방에서는 볼 수 없는 독특한 형태다. 유청길 대표는 금정산성막걸리로 대한민국 식품명인 제49호로 지정됐다. 양조장은 술 빚기에 적합한 온도와 습도가 유지되는 해발 400m의 청정 환경을 갖춘 금정산성마을에 자리한다.

📍 부산 금정구 산성로 453
📞 051-517-6552 🌐 ksanmark.modoo.at

지리산 운봉주조

1980년에 설립돼 2대째 운영 중인 운봉주조는 남원을 대표하는 막걸리로 명성이 자자하다. 운봉주조의 대표 술 중 하나인 지리산 허브잎술은 2011년과 2014년 대한민국 우리술 품평회에서 두 번이나 대상을 수상했다. 쌀과 로즈메리, 라벤더의 조화를 누가 상상이나 했겠는가. 청량한 목 넘김과 은은한 허브 향으로 누구나 한 번 맛보면 잊을 수 없다. 지리산 자락, 해발 500m에 자리한 운봉주조는 권역의 유원지 시장을 꾸준히 개척해 지금은 지리산 자락에서 가장 자주 볼 수 있는 막걸리가 됐다.

📍 전북 남원시 운봉읍 황산로 1018
📞 063-634-0009 🌐 www.herbsul.com

(주)청산녹수

청산녹수는 폐교한 장성북초등학교를 양조장으로 조성했다. 운동장이 마당이고, 교실마다 양조 설비가 들어서 있어 복도를 따라 걸으면 양조 설비와 작업하는 모습을 볼 수 있다. 김진만 대표는 전남대학교 생명산업공학과 교수로 발효 과정에 과학적으로 접근해 체계화하고 있다. 대표 제품인 사미인주는 유기농 햅쌀로 1차 발효를 하고, 인공감미료 대신 벌꿀을 넣어 2차 저온 숙성을 한다. 선조들의 지혜가 담긴 주조 기술을 현대 과학으로 계승한 것이다.

📍 전남 장성군 장성읍 남양촌길 19
📞 061-393-4141 🌐 www.bluegreenkorea.co.kr

해창주조장

해창주조장 앞에는 바다로 이어지는 삼산천이 흐르고, 그 주변으로 넓은 들이 펼쳐진다. 술맛도 술맛이지만, 양조장 건물과 정원이 아름다워 찾는 이가 많다. 1927년에 일본인이 들어와 일본식 가옥을 짓고 정원을 가꾸며 산 이곳에는 40여 종의 식물이 자라고 있고, 마당에는 수석과 이끼가 자리한다. 대표 제품인 해창막걸리는 오병인 대표가 자신이 마시기 위해 감미료를 빼면서 더욱 주목받았다. 찹쌀과 멥쌀의 적절한 조화로 단맛을 잡았으며 알코올 함량은 6·9·12·15%로 다양하다.

📍 전남 해남군 화산면 해창길 1
📞 061-532-5152 🌐 www.해창막걸리.com

힙스터의 성지, 서울 주막

막걸리 좀 아는 사람들이 즐겨 찾는 매력적인 공간 다섯곳. 이곳에서는 하루의 기쁨이 되어줄 술 한 잔을 발견할 수 있다.

자꾸 가고 싶은 NOOK

지하철 6호선 효창공원앞역에서 걸어서 10분 거리에 세모난 지붕을 인 막걸리 바 'NOOK(눅)'이 있다. 'nook'은 영어로 '아늑하고 조용한 구석'이라는 뜻이다. 번화가가 아닌 외진 골목에 위치해 꽤 걸어야 하지만 눅의 감성을 즐길 생각에 약간의 수고는 오히려 설렘을 더한다. 이곳은 61년 된 주택을 개조해 만들었다. 정갈하고 군더더기 없는 분위기에 천장은 그대로 두어 가옥의 느낌을 살렸다. 주방이 개방돼 있어 손님은 바 테이블에 앉아 재료 손질부터 음식이 그릇에 담길 때까지 모든 과정을 볼 수 있다.

눅은 구독자 100만 명이상을 보유한 헤어 디자이너 유튜버 '기우쌤' 이기우 대표와 요식업계 10년

차 셰프 장선형 대표가 함께 운영한다. 두 사람 모두 술을 잘 마시지 못하지만, 막걸리는 비교적 도수가 낮아 맛있게 마실 수 있어 막걸리 바 창업을 결심했다. 술을 잘 못 마시는 사람이라도 술을 즐길 수 공간을 만들고자 한 대표들의 바람을 담아 막걸리는 한 잔당 4500원에 판매한다.

눅에서는 시중에서 파는 막걸리를 찾아볼 수 없다. 막걸리는 매일 아침 경기도 포천의 양조장에서 효소가 살아 있는 생막걸리를 직접 들여온다. 생막걸리에 천연 부재료를 가미해 2차 저온 숙성을 한 뒤 잔으로 판매하고 있다. 막걸리의 종류는 쌀과 누룽지, 더덕, 유자, 녹차, 석류 막걸리가 있는데, 부담 없이 모두 맛볼 수 있도록 '막걸리 샘플러'가 준비돼 있다. 쌀 막걸리를 제외한 다섯 가지 막걸리를 한꺼번에 즐기고 싶다면 샘플러가 효율적이다. 비교적 가벼운 석류 막걸리부터 시작해 보디감이 진한 더덕 막걸리로 마무리할 것을 추천한다. 한 잔씩 마실수록 맛과 향이 강해져 입안에 여운이 오래 남는다.

눅은 공간뿐 아니라 요리에서도 퓨전의 매력을 찾을 수 있는데, 그중 손님들이 가장 많이 찾는 메뉴는 '눅 파스타'다. 비빔 소스로 맛을 낸 골뱅이 요리라고 해서 소면이 들어있는 골뱅이 무침을 생각하면 오산이다. 파스타 면 중 가장 얇은 카펠리니 면과 파르미니아노 치즈를 이용해 만든 깻잎 페스토와 레몬 슬라이스, 케이퍼까지 들어있는 이탤리언풍 골뱅이 파스타다. 기본 반찬으로는 파 페스토를 올린 생두부가 나오는데 한식과 이탈리아식 재료를 조화롭게 사용해 이색적인 맛을 느낄 수 있다.

"100명의 새로운 손님이 오는 곳보다는 10명의 손님이 열 번 찾을 수 있는 공간을 만들고 싶었습니다."(장선형)

올해 4월에 오픈한 막걸리 바 눅은 편안하면서도 트렌디한 공간을 만들기 위해 다양한 시도를 하고 있다. 아직 공개되지 않았지만, 사전 예약한 고객만 이용 가능한 프라이빗 룸을 준비 중이다.

눅 파스타 1만 8000원
눅 샘플러 1만 5000원

주소 서울시 용산구 원효로77길 8
문의 02-703-7778
영업시간 18:00~02:00, 첫째·셋째 주 일요일 휴무
인스타그램 @nook.seoul

전통과 현대의 조우
따로집

지난해 11월 지하철 합정역 7번 출구 근처에 오픈한 '따로집'은 전통과 현대의 감성이 공존하는 막걸리 바다. 저녁의 색을 담았다는 조명은 노을 진 해 질 녘보다 어둡다. 밖에서 보면 가게 안이 희미하다. 영업을 안 하는 게 아닐까 의심되겠지만 문을 열고 들어가보자. 내부에는 테이블 네개가 놓여 있다. 좁지 않은 공간이지만 테이블 간격을 넓게 두어 여백의 미를 살렸다. 벽에는 창호지를 바른 문살이 있고, 한쪽 모서리에는 호리병과 수석을 놓았다. 이날 스피커에서는 이날치의 '범 내려온다'가 나오고 있었다. 트렌디하면서 한국 전통의 아름다움을 살렸다.

따로집은 이성민 대표와 정지명 대표가 꾸려 나간다. 공간 기획은 디자인 경험이 있는 이성민 대표가 맡았고, 요리는 주로 정지명 대표가 한다. 이들은 각자 잘할 수 있는 일을 한다. 따로집의 아이덴티티를 살린 영업 방식이다. 따로집이라는 이름은 세상의 모든 '다름'을 존중하는 공간이 되자는 취지로 지었다.

"각자가 가진 다름 중에서 따로집을 선택한 이유는 무엇일까 생각해요. 그것 또한 모두 다르겠죠."(이성민)

이들은 손님들이 언제든지 편하게 찾았으면 하는 바람으로 운영한다. 혼자 온 손님에게는 말동무가 돼주기도 하고, 테이블마다 첫 잔은 꼭 따라준다. 손님의 취향이나 안주에 맞춰 궁합 좋은 막걸리를 추천하는 것도 이들의 몫이다.

따로집만의 막걸리 추천 방법이 있다. 요리와 막걸리 맛의 결을 맞추는 것이다. 예를 들어 소고기 타르타르는 식감이 깔끔하기 때문에 드라이한 막걸리와 페어링하는 걸 추천한다. 뒷맛이 깔끔한 희양산 막걸리가 제격이다. 반면 떡볶이는 소고기 타르타르와 비교하면 다소 무겁고 진한 맛이다. 이때는 묵직하고 단맛이 높은 별산 막걸리를 추천한다. 막걸리와 안주를 하나의 코스 요리로 본다. 요리를 더욱 풍요롭게 즐기려면 접시에 담긴 재료들을 조금씩 한 젓갈에 올려 먹어야 한다는 점을 잊지 않고 조언한다.

소고기 2만원 · **떡볶이** 1만8000원
희양산 막걸리 1만3000원 · **별산 막걸리** 1만5000원

주소 서울시 마포구 양화진길 6
문의 010-5880-2455
영업시간 평일 18:00~01:00
　　　　　주말 17:00~01:00, 월요일 휴무
인스타그램 @daro__zip

전통주 갤러리 같은
백곰막걸리

밤이 되면 압구정로데오거리에 환한 조명이 넘실댄다. 북적이는 이 거리는 2016년 '백곰막걸리'가 개업할 당시에는 양복 가게, 신발 가게, 옷 가게 일색이었다. 밤 9시만 돼도 지나가기가 민망할 정도로 어두웠다. 백곰막걸리 이승훈 대표는 압구정이야말로 개방적이고 유행을 앞서가는 선두 주자의 거리라고 판단해 개업을 결심했다.

백곰막걸리는 규모부터 남다르다. 320종의 전통주가 준비돼 있다. 국내 막걸리 바와 전통주 보틀 숍을 통틀어 독보적인 스케일이다. 이승훈 대표는 품질이 좋은 술만 엄선하는 것은 기본이고, 새로 출시돼 주목 받을만하다고 판단되는 전통주나 대회에서 수상한 전통주 등 인지도가 낮은 막걸리를 적극적으로 들여놓는다.

주류가 320종에 이르다 보니 메뉴판은 최대한 간략하게 만들었다. 메뉴판에 적힌 정보는 술 이름과 생산지, 알코올 도수와 가격이 전부다. 하지만 매달 주종별 판매 랭킹을 1위부터 20위까지 발표해 이를 보고 간편하게 주문할 수 있다. 도움이 필요하면 자칭 전통주 소믈리에 직원이 숙련된 안목으로 입맛, 안주, 취향에 알맞은 주류를 권해준다. 백곰막걸리는 직원 교육에도 철저하다. 실제로 백곰막걸리에 입사한 직원은 한국국제소믈리에협회 KISA에서 매년 주최하는 전통주 소믈리에 대회에 의무적으로 참가한다. 대회 참가자 중 백곰막걸리 직원들이 1, 2위를 다툰다고 하니 전통주에 관해서라면 믿고 맡겨도 좋다.

'용서대 버터구이'는 백곰막걸리에서 만날 수 있는 한정 메뉴다. 용서대는 다른 향신료나 소스는 사용하지 않고 흰 살 생선의 담백한 맛을 살렸다. 용서대 버터구이에는 C막걸리의 지중해 핑크를 페어링해 마셔보자. 도화지같이 담백한 용서대 버터구이와 토마토·바질로 만든 개성 있는 C막걸리의 환상적인 궁합을 기대해도 좋다.

용서대 버터구이 3만3000원
C막걸리 지중해 핑크 1만9000원

주소 서울시 강남구 압구정로48길 39
문의 010-6822-7644
영업시간 월·화·수·목요일 17:00~00:00, 금·토요일 17:00~01:00, 일요일 휴무
인스타그램 @whitebear_mak

막걸리에 진심인
복덕방

차 한 대가 겨우 지나갈 수 있는 마포구 망리단길 한 골목에는 '복덕방'이 있다. 복덕방은 '인심이 좋아서 편의를 잘 봐주는 주인집' 한식 주점이다.

이곳의 대표 막걸리는 내추럴 막걸리다. 2년간의 개발을 거쳐 올해 3월부터 판매했다. "과실주를 즐겨 먹는 외국 친구들이 내추럴 막걸리를 마시고 왜 과일 향이 나느냐고 물어요. 청포도 맛이 난다면서요. 여기엔 쌀과 누룩만 들었는데."(강성구) 내추럴 막걸리는 강원 원주의 삼봉표 양조장과 강성구 대표가 함께 만들었다. 집에서 만드는 옛날 방식을 고수한다. 막걸리는 모두 쌀과 누룩으로 만든다고 생각하지만, 시중에 파는 막걸리는 대부분 아스파탐 같은 인공감미료나 천연 감미료를 넣어 맛을 낸다. 복덕방의 내추럴 막걸리는 순수하게 쌀과 누룩과 물만 넣어 만들었다. 마치 화이트 와인처럼 깔끔하다. 몇 병을 연거푸 마셔도 부담이 없다.

안주는 강성구 대표의 어머니 박연숙 씨가 만든다. 평범한 주부였던 그는 손님에게 '이 정도 요리 실력이면 5성급 호텔에 있어야 하는 것 아니냐'는 칭찬을 듣는 수준이다. 조미료는 절대 쓰지 않는다. 가장 인기가 많은 메뉴는 육회다. 육회에는 배와 달걀노른자가 함께 나오는데, 비비지 말 것을 당부한다. 육회와 달걀노른자를 섞으면 육회 본연의 맛이 사라지기 때문이다.

그는 손님에게 요리에 얽힌 이야기와 맛있게 먹는 방법, 그래야 하는 이유를 전한다. 더불어 복덕방에서 취급하는 막걸리 모두를 그 양조사처럼 설명한다. 어떤 막걸리든, 요리든 제대로 전달해 그 가치를 살리자는 생각을 가진 탓이다. 강성구 대표는 '손님은 자신이 주문한 요리와 막걸리가 어떻게 만들어졌는지 알 권리가 있다'고 전하며 '그건 만든 사람에 대한 예의이기도 하다'는 말을 덧붙였다. 손님들은 대표의 정성스러운 큐레이팅에 자신이 귀하게 대접받는다고 느낀다. 그의 말은 식탁 위 이야기보따리가 돼 한층 더 풍성해진다.

육회 2만5000원
내추럴 막걸리 3만6000원

주소 서울시 마포구 포은로8길 5
문의 070-8864-1414
영업시간 수·목·금요일 17:00~00:00
　　　　　토·일요일 16:00~00:00, 월·화요일 휴무
인스타그램 @imkhang9

운치가 있는
신사전

신사동 압구정로데오거리 초입에 4년째 자리 잡고 있는 전통 주점 '신사전'. 활짝 열리는 창이 인상적인 이곳은 비 오는 날 운치를 즐기기 좋은 공간이다. 주점이지만 점심 식사도 제공하기 때문에 오후 2시의 한낮에도 늦은 점심을 먹는 손님이 있다. 여유로운 분위기지만 해가 지고 밤이 되면 테라스 앞에 마련해둔 대기 의자에 앉아 차례가 오기를 기다려야 할 정도로 인기가 많다.

막걸리와 전은 환상의 궁합을 이루는 술과 안주다. 신사전은 독자적으로 양조장과 협업해 '신사동 막걸리'를 개발했다. 신사동 막걸리는 아스파탐을 넣지 않은 생막걸리다. 약 6도의 탄산감이 없는 막걸리로, 한 입 마시면 누룩 향이 은은하게 올라온다. 신사동 막걸리에 벌집 꿀을 한 조각 넣어 마시는 메뉴가 바로 '벌집 꿀 막걸리'다. 이곳의 시그니처 메뉴다. 신사전 벌집 꿀은 팔공산과 지리산에서 직접 들여오는 토종꿀이다. 벌집 꿀이 들어있는 잔에 신사동 막걸리를 붓는다. 시간이 지나면 자연스럽게 꿀이 흘러나온다. 가라앉은 꿀을 젓가락으로 저으면 벌꿀과 막걸리가 섞여 달콤한 벌집 꿀 막걸리가 된다. 막걸리를 어느 정도 마신 후 밀랍을 초콜릿처럼 한 입 베어 물면, 벌을 쫓을 때 피우는 연기의 영향으로 밀랍에서 나는 은은한 훈연의 향을 느낄 수 있다.

벌집 꿀을 주문하면 신사전 직원이 가로세로 약 30cm의 거대한 벌집 꿀을 들고 자리로 온다. 그 자리에서 벌집 꿀을 칼로 잘라 잔에 넣어준다. 벌집 꿀을 직접 눈앞에서 잘라주니 신기하기도 하고, 신사전의 재료에 대한 자부심이 느껴지기도 한다. 막걸리를 마시기 전 분위기가 한껏 고양된다. 그 자체로 즐거운 이벤트다.

기본에 충실하자는 마인드로 막걸리와 메뉴 개발을 지속해온 신사전은 메뉴 선택부터 손질까지 공을 들인다. 재료는 가락시장에서 경매에 나온 가장 싱싱한 것들을, 최대 이틀 안에 소진할 수 있는 양만 가져온다. 좋은 재료로 정성 들여 만드는 것이 신사전의 단순하지만 굳센 목표다.

모둠전 3만2000원
벌집 꿀 3000원 **신사동 막걸리** 8000원

주소 서울시 강남구 도산대로11길 18
문의 02-3443-9991
영업시간 11:00~02:30, 설날 당일 제외 연중무휴
인스타그램 @sinsajeon_official

막걸리 입문자부터 덕후까지
취향대로 즐기는 新보틀숍

전통주는 그 종류만 해도 대략 1000여 가지.
이들을 담기에 편의점 냉장고는 너무 작다. 서둘러 가봐야 할 전통주 보틀 숍 다섯 곳.

"운치 있는 겨울밤에는 별이 내려앉은 술이라 불리는 양주도가의 별산 막걸리가 떠오른다. 식초 효모를 사용해 특유의 산미가 느껴지는 것이 특징이다. 탄산이 없고 부드러워 식전주로 마시기도 좋다."

주주바틀샵

패션 디자이너인 이재성 대표가 지난 8월에 오픈한 신생 보틀숍 '주주바틀샵'은 지하철 군자역 먹자골목 안에 있다. 골목에서 이곳이 눈에 띄게 트렌디해 보이는 이유는 주주바틀샵의 캐릭터 덕분이다. JUJU(주주)라는 글자로 캐릭터를 만들었다. 눈을 감고 음미하는 듯 만족스러운 표정이다. 낯설게 느낄 수 있는 전통 술을 친근하게 느끼게 하려는 전략이다. 동네 분위기에 매력을 느껴 보틀숍을 열었다는 이 대표는 동네 상점과도 활발하게 교류하고 있다. 이곳에서 구매한 술은 맞은편 '신림포차'에서 마실 수 있는데, 가게 문을 열면 푸근한 인상의 주인 할머니가 반겨주신다.

별산 막걸리 1만 원
주소 서울시 광진구 능동로36길 47
문의 010-6663-0520
영업시간 평일 19:30~22:30, 주말 15:00~22:30, 월·화요일 휴무
인스타그램 @juju_bottleshop

"딸기와 달링(darling)이 만나 딸링이 됐다. 이름처럼 막걸리에 딸기를 부재료로 넣었다. 타 제품보다 딸기를 배이상 넣어 달콤하고 진한 향기가 병을 박차고 나온다. 목 넘김이 부드럽고 가벼워 술을 잘 마시지 못하는 사람도 부담없이 즐길 수 있다."

주류사회

'주류사회'는 합정역 메세나폴리스 뒤편 귀퉁이에 자리 잡은 국내 주류 전문 보틀숍이다. 메세나폴리스 내부 구조가 미로처럼 복잡하므로 로드맵을 참고해 찾아가는 편이 현명하다. 길을 따라가다 보라색 간판을 만나면 성공이다. 이곳은 '어른들의 놀이터'다. 보물찾기 하듯 주류사회에서 나만의 보물 막걸리를 찾아보자. 주류사회 김호일 대표는 술 공방을 운영하며 술을 빚어본 경험을 살려 보틀숍을 열었다. 그에게 막걸리를 추천받는다면 취향에 꼭 맞고 가격도 적당한 노다지를 찾을 수 있을 것이다.

딸링 6000원
주소 서울시 마포구 양화로45 메세나폴리스 B139호
문의 010-2185-8139
영업시간 11:00~21:00, 연중무휴
인스타그램 @sool_society

"입고하는 족족 품절되는
'연희'시리즈 중 하나다. 동유럽,
지중해 지역 국가의 전통주인
우조, 라키, 삼부카를 한국 전통주
스타일로 표현했다. 향신료 향이
강해 중국 요리와 잘 어울린다.
호기심이 많고 술을 좋아하는
손님에게 잊지 않고 시음을
권하는 술이다."

연희팔각 1만4000원

주소 서울시 마포구 동교로27길 8-3
　　　지하 1층 B03호
문의 070-4149-0100
영업시간 15:00~21:00, 일요일·공휴일 휴무
인스타그램 @woorisulsaja

우리술사자

연남동에 위치한 '우리술사자'는 탁주부터 증류주, 청주,
약주까지 50종 내외의 우리 술을 갖추고 있는데, 절대적으로
대표들의 취향에 맞춰 채워져 있다. 이곳은 마음 맞는 세 사람이
함께 만들었다. 셋의 취향이 각기 달라, 주종은 많지 않지만
특색 있는 맛을 지닌 술로 꽉 채웠다. 본인들이 마셔보고 평가한
후 들이기 때문에 손님에게도 자신 있게 추천한다. 가게 한편엔
다락방이 있는데 술을 마실 수 있게 마련해놓은 공간이다.
이곳에서 술을 구매한 후 1인당 3000원을 추가로 내면 이용할
수 있다. 물과 기본 안주를 무료로 제공하며 안주를 가져와도
된다. 제한 시간이 없어 술을 마음껏 즐길 수 있다.

남촌가주

박병화 대표는 올해 1월 지하철 회현역 근처에 전통주 보틀 숍을 열었고, 회현동의 옛 지명인 남촌을 따서 '남촌가주'라고 이름 지었다. 옛날 서울의 남촌은 술맛이 좋고 북촌은 떡 맛이 좋다 하여 이르던 '남주북병'이란 명성을 잇기 위해 대표가 마셔보고 맛 좋은 술만 들인다. 한 병 한 병 들어 보이며 넉살 좋게 막걸리에 얽힌 사연들을 이야기하는 그는 사람들과 더 많은 전통주 이야기를 나누기 위해 막걸리 소모임도 계획하고 있다.

"전라북도 무형문화재 송명섭 명인이 빚었다. 시중에 나와 있는 막걸리 중 유일하게 어떤 첨가물도 넣지 않고 물과 쌀과 누룩만으로 만들었다. 단맛에 익숙한 사람이라면 심심하게 느낄 수도 있지만, 이 투박한 맛의 매력에 한번 빠지면 헤어나기 힘들다."

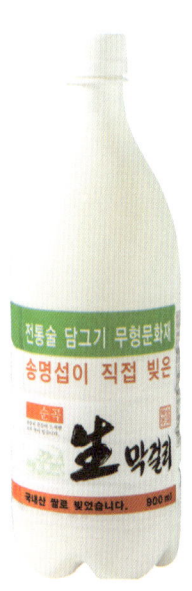

송명섭 생막걸리 5000원
주소 서울시 중구 퇴계로6길 16
문의 02-757-8959
영업시간 11:00~21:30, 월요일 휴무
인스타그램 @namchongaju

"지리산옛술도가에서 만드는 담백한 막걸리다. 단맛은 없고 새콤한 산미가 톡톡 튀는 매력이 중독적이다. 대중적인 맛과 거리가 있기 때문에 처음에는 양조장 사장님조차 많이 팔릴까 걱정하셨지만, 지금은 이 술만 꾸준히 찾는 마니아가 많다."

애주금호

전통주 소믈리에 천수현 대표가 운영하는 보틀 숍. 증류주, 탁주 등 전통주는 물론이고 내추럴 와인 등 700여 종에 이르는 주류를 판매하고 있다. 다른 보틀 숍에서는 구하기 힘든 신생 양조장의 술도 적극적으로 들여놓는 만큼 '신상'에 민감한 트렌드세터라면 꼭 가볼 만하다. 전통주 소믈리에 과정을 직접 강의할 정도로 박식한 천 대표가 손님과 대화하며 세심하게 취향에 맞는 술을 찾아준다.

꽃잠 1만 3000원
주소 서울 성동구 매봉길 50 옥수파크힐스상가 B105
문의 0507-1342-0124
영업시간 12:00~22:00, 화요일 휴무
인스타그램 @aejoo_geumho

본격 홈술 시대

매월 전문가가 엄선한 전통주를 집으로 배송해준다.
나를 위한 선물, 전통주 구독 서비스 TOP 3.

술과 감성을 잇는 큐피트,

주간감성

"감성이 담긴 새로운
주류 문화를 만들어요"

주간감성은 술과 예술의 만남을 주도하는 아트 전통주 구독 서비스다. 술 주(酒) 사이 간(間) 느낄 감(感) 성품 성(性)으로 이뤄진 주간감성은 술과 감성 사이라는 뜻으로, 그 가운데에서 특별한 매개체 역할을 톡톡히 해낸다. 이곳은 매달 신진 그림 작가를 발굴해 전통주와 연결한다. 매월 선정하는 전통주의 병 라벨에 협업 작가의 그림을 담아 전통주가 하나의 작품이 된다. 그렇게 만들어진 술은 주간감성에서 그달에만 만날 수 있는 한정 에디션으로 선보인다. 구독자는 우리 술과 신진 작가를 함께 알게 돼 취향의 스펙트럼을 넓힐 수 있다. 주간감성 구독 서비스 구성에는 추천 전통주와 간단한 스낵, 그리고 협업 작가의 작품과 인터뷰, 양조사

인터뷰를 실은 매거진이 포함된다. 술에 대한 간단한 설명과 추천 안주가 적힌 책갈피, 작품을 담은 엽서도 함께 증정한다. 기존 구독자를 위한 이벤트가 있는 것도 다른 구독 서비스와 차별화된 점이다. 3개월 차 구독자에게는 도자기 잔, 6개월 차 구독자에게는 아크릴 액자 등 일정 개월 동안 구독하면 굿즈를 추가로 제공한다. 점점 더 풍성해지는 구성 덕분에 때마다 선물 보따리 받는 기분이 들 것이다. 구독료는 월 3만 6000원이며 마감일(26일)로부터 2주 이내에 배송된다.

국내 최초
전통주 구독 서비스
술담화

"누군가의 인생 술이 될
술을 소개해요"

우리나라에는 1300여 곳의 양조장에서 만드는 2000여 종의 전통주가 있다. 국내 최초로 전통주 구독 서비스를 선보인 술담화는 우리 전통주를 알리는 데 힘을 쏟고 있다. 술담화의 '담화BOX'에는 2~4병의 전통주와 큐레이션 카드인 담화디피아 그리고 안주나 숙취 해소제가 들어 있다. 이달의 술은 해당 월의 테마나 절기에 맞춰 주제를 정하고 전통주 소믈리에 자격증을 보유한 직원이 내부 블라인드 시음회를 거쳐 선정한다. '누군가의 인생 술이 될 술'을 기준으로 엄선해 흥미롭다. 인스타그램도 운영하는데 활발한 소통으로 구독자의 의견을 적극 반영하는 것이 특징이다.

술담화에는 '쉬어가기'라는 제도가 있다. 매월 자동 결제되기 3일 전, 이달 담화BOX 구성의 힌트와 결제 알림 문자가 발송되는데, 힌트를 보고 이달 술을 받을지, 거부할지 정할 수 있다. 구독료는 월 3만9000원이다. 전통주 전문 온라인 쇼핑몰 '담화마켓'도 운영하고 있으며, 지인에게 선물할 때 1회만이라도 구독 서비스 혜택으로 이용할 수 있다.

**술 한잔에
이야기 두 보따리**

우리술한잔

"마실 거리와 볼거리,
즐길 거리를 모두 드려요"

우리술한잔은 전통주 키트 상품과 함께 우리 전통 문화를 배송하는 구독 서비스다. 2020년 9월 서비스를 시작한 우리술한잔의 '우리술박스' 패키지에는 전통주 두세 병과 전용 술잔 또는 간단한 안주 그리고 <우리술한잔>매거진'이 담긴다. <우리술한잔>매거진에는 매월 선정한 지역의 양조장과 명인의 인터뷰를 싣는다. 꼭 찾아가야 할 명소와 대표적인 인물까지 소개하는 로컬 크리에이티브 구성이다. 술과 함께 문화를 알게 되고 술을 마시며 나눌 이야깃거리도 많아지니 자연스럽게 전통주의 매력에 빠질 수밖에 없다. 구독 서비스로 전통주의 매력을 알았다면 우리술한잔의

온·오프라인 콘텐츠로 전통주를 더 깊이 알아보자. 우리술한잔 유튜브 채널에서는 이달의 우리술박스 언박싱 과정과 양조사 인터뷰 그리고 이달의 양조장을 소개하는 영상 콘텐츠를 선보이고 있다. 그리고 청계천 초입에서 우리 술만 판매하는 전통주 보틀 숍을 운영해 마실거리, 볼거리, 즐길 거리 모두를 알차게 누릴 수 있다. 가격은 정기 구독 월 3만 9000원이며 카카오 구독 ON에서 50% 할인한 금액으로 1회 써보기 이벤트를 진행 중이다. 매월 넷째 주 화요일에 배송되며 구성 상품은 매월 1일에 공개한다.

막걸리 도감

구름아양조장
대관람차
용량 500ml
도수 12%
60p

날씨양조
신기루
용량 750ml
도수 9%
68p

두술도가
희양산 막걸리
용량 750ml
도수 9%
92p

독브루어리
DOK막걸리
용량 1000ml
도수 6%
48p

동강주조
얼떨결에
용량 920ml
도수 6%
82p

문경주조
오미자 생막걸리
용량 750ml
도수 6.5%
98p

미담양조장
미담생탁주
용량 500ml
도수 12%
38p

벗드림
볼빨간막걸리10
용량 500ml
도수 10%
134p

비틀도가
비틀10
용량 500ml
도수 10%
122p

송도향
삼양춘 생탁주
용량 500ml
도수 12.5%
52p

순진도가
순진탁주 딸기
용량 750ml
도수 6%
128p

술아원
술아 막걸리
용량 450ml
도수 8%
54p

시향가
시향가 탁주
용량 500ml
도수 8%
124p

아리랑주조·두이술공방
술공방9.0
용량 500ml
도수 9%
104p

운곡도가
토끼구름
용량 750ml
도수 6.8%
114p

울산탁주·태화루
태화루
용량 750ml
도수 5.5%
110p

오산양조
오산막걸리
용량 500ml
도수 6%
84p

전통주조 예술
만강에 비친 달
용량 500ml
도수 10%
32p

(유)친구들의 술
지란지교
용량 500ml
도수 12%
116p

팔팔양조장
팔팔막걸리
용량 750ml
도수 6%
44p

한강주조
나루생막걸리
용량 935ml
도수 6%
66p

한아양조
일곱쌀
용량 500ml
도수 7%
72p

한통술 이노베이션
구절초꽃술
용량 850ml
도수 8%
26p

행주산성주가
냥이탁주9
용량 500ml
도수 9%
30p

호랑이배꼽양조장
호랑이배꼽 생막걸리
용량 720ml
도수 6.5%
88p

C막걸리
시그니쳐큐베
용량 500ml
도수 12%
78p

요즘 뜨는 막걸리
취향을 담은 술

초판 1쇄 발행 2021년 12월 22일

PUBLISHER

김정호 KIM JUNG HO

유근석 YU GEUN SEOG

EDITOR IN CHIEF

이선정 LEE SUN JUNG

CONTENT & EDITORIAL DIRECTOR

이진이 LEE JIN YI

손유미 SON YU MI

EDITOR

이진이 LEE JIN YI

김은아 KIM UN A

윤제나 YOUN ZE NA

손유미 SON YU MI

문지현 MOON JI HYEON

이소담 LEE SO DAM

박보라 PARK BO RA

PHOTOGRAPHER

STUDIOTEN

DESIGNER

김재학 KIM JAE HAK

SALES&DISTRIBUTION

정갑철 JUNG KAP CHUL

선상헌 SUN SANG HEON

PRODUCTION

한경TREND

서울 중구 청파로 463 한국경제신문사 6층

Tel 02-360-4859

Official Site www.hankyung.com

값 18,000원

ISBN 979-11-85272-77-1